U0504453

乡音不改

胶东乡言村语笔记

兰 玲◎著

商务印书馆
创于1897
The Commercial Press

2019年·北京

图书在版编目(CIP)数据

乡音不改:胶东乡言村语笔记/兰玲著. —北京:商务印书馆,2019

ISBN 978-7-100-17694-1

I.①乡… II.①兰… III.①北方方言—方言研究—山东 IV.①H172.1

中国版本图书馆 CIP 数据核字(2019)第 155828 号

乡音不改:胶东乡言村语笔记

兰　玲著

商　务　印　书　馆　出　版
(北京王府井大街 36 号　邮政编码 100710)
商　务　印　书　馆　发　行
北京顶佳世纪印刷有限公司印刷
ISBN 978-7-100-17694-1

2019 年 10 月第 1 版　　开本 880×1230　1/32
2019 年 10 月北京第 1 次印刷　　印张 8⅞
定价:35.00 元

乡

音

不

改

胶东乡言村语笔记

俗语的力量

　　"俗语"一词，最早见于西汉时期。司马迁《史记·滑稽列传》有云："民人俗语曰'即不为河伯娶妇，水来漂没，溺其人民'云。"其中的"俗语"一词，泛指民间流传的说法。刘向《说苑·贵德》中的用法有所不同："狱吏专为深刻，残贼而亡极，偷为一切，不顾国患，此世之大贼也，故俗语云：'画地作狱，议不可入；刻木为吏，期不可对。'"显然，此时"俗语"一词是用来专指民间流行的定型语句，具有术语的性质。这说明，"俗语"自诞生伊始，即有广义和狭义两种用法，并一直延续至今。《现代汉语词典》第 7 版倾向于对"俗语"做狭义的理解——"通俗并广泛流行的定型的语句，简练而形象化，大多数是劳动人民创造出来的，反映人民的生活经验和愿望。"无论对"俗语"做广义还是狭义的理解，它都与地方生活密切相关，是属于民众的文化表达，看来是没有异议的。

不过，我国于20世纪80年代兴起的传统俗语研究，却并不是一开始就关注俗语的生活根性或民间属性，而是从语言学角度展开的居多，如俗语的起源、性质、构成、分类、音韵、修辞特征、功能、结构分析、应用等，大致从属于语言学家的方言研究，自有其价值。稍后，从民俗学角度的研究得以展开，但依然与地方日常生活有隔，或注重对江湖切口、行帮行话等特殊语言现象的研究，或聚焦文艺作品中的俗语运用。依我看，上述研究是聚焦语言现象本身，还不能算是对俗语的整体研究，也就难以从民众日用的角度理解地方生活特性与民众文化心性。

俗语为一方民众在长期生活中约定俗成，并在日常使用中不断生发出新的意义，因而是认知地方社会的窗口。这一点，早就为明代顾起元所意识到："闾巷中常谚，往往有粗俚而可味者……此言虽俚，然于人情世事有至理存焉，迩言所以当察也。"① 俗语以民众的口头交流为存在基础，在地方社会中代表了一种比较稳定的生活叙事，也是江湖切口、行帮行话等特殊语言现象与文艺作品中俗语运用的"母语"。以此论之，俗语是绝不可以小视的，如果我们的研究足够充分，不仅能支撑起民俗学研究之一翼，或许还可以窥知国家大一统进程、地方社会

---

① ［明］顾起元，《客座赘语》，中华书局，1987年，第10—11页。

发展与民众生活之间的互动关系与实践形态。诚如钟敬文先生所反复强调的，"民间语言不仅自身就是一种民俗，而且它还记载和传承着其他民俗事象"①，"语言既是民俗的一种载体，它本身也是一种民俗现象，不能将语言与民俗分开来或并列起来讲，要用一般民俗文化的基本特征去考察语言现象"②。

　　21世纪以来，民俗学者多有涉足俗语研究，老一辈学者大致以山曼、曲彦斌等为代表，后起之秀则有黄涛等，都响应钟敬文先生的吁请而各有成就。我比较喜欢的是山曼先生的《齐鲁乡语谭》③一书，认为它在对诸多俗语的实证研究中，以整体生活的视角予以语境还原，因而超越了以往俗语研究的单一性，使得俗语的独特魅力得以敞显。我不愿独享，就推荐给了多位朋友，没想到连一向挑剔的赵旭东教授竟也激赏为"一部奇书"。兰玲女士与山曼先生同乡，是山曼先生的学生，一直恪守敬师之礼。十多年前山曼先生去世后，我们一般就是开会时会见到，见面次数不算多，记得曾几次劝她做点儿具体的俗语研究，继承先生衣钵。近年来，我从微信公众号中见她不断地推送"胶东乡言俗语"系列短文，据说很受读者欢迎。去年年底，我听她说要将这些短文结集出版，不禁以手拊额——山曼先生开创的俗语研究小径，总算后继有人！静心读罢她的书稿，我有如下几个方面的感受：

---

① 钟敬文主编，《民俗学概论》，上海文艺出版社，1998年，第304页。
② 黄涛，《语言民俗与中国文化》，人民出版社，2002年，第13页。
③ 山曼，《齐鲁乡语谭》，山东教育出版社，2007年。

首先，俗语是中华民族文化共享传统的地方性表达。我在近年来的研究中逐渐意识到，应将"礼俗互动"视为中国社会的基本性质，以此作为理解"中国原理"的新起点。正是在长期的礼俗互动中，中国社会形成了为各阶层所广泛共享的人文传统，并在民间留下深刻印记。在俗语的两端，一头连着具有国家权威的传统礼数，一头连着民间伦理的做人底线，这在兰玲著作所列举的诸多俗语中可谓随处可见。

比如她提到的两句与包子有关的俗语，讲的是不同的做人道理。"黑面包包子也得捏上个褶儿"是说做人要有骨气，"包子有肉不在褶儿上"则讽刺华而不实又爱出风头的人，因为真正有才华的人"肚里有货不在嘴上"。其他如"你家有黄金，邻居家有戥子""只和邻居比种田，不和邻居比过年""男人是搂钱的耙子，女人是攒钱的匣子""男人是耙子，女人是匣子，不怕耙子没齿，就怕匣子没底"等，也大致如此。

近年来冒出来一个流行词"梗"，并在网络上走红，意指笑点。胶东人在整个山东地区的口碑，是说话很"gěn"，意即特别爽直，不过又在爽直中普遍透着幽默，倒是很符合这个"梗"字的旧义加新解。比如当胶东人说"吃桑就得绣个茧"，或是"是蚕就得眠个茧"时，其实是对人的一种批评教训，只不过孬话正说——凡做事都要专心致志，争取个好结果。胶东俗语讲究趣味，趣味就意味着力量。如"巧木匠不如个拙东家"的说法，与"干活儿看东家"的意思相似，却多了趣味色彩，民众说起来也就更有了说服力。

其次，俗语不仅蕴含着生活智慧，还载录着地方社会历史，只不过它是民众作为"文化持有者的内部视界"的内部表达，有时候颇不容易理解。若非胶东人，就不易明白书中"买猪看圈"这句俗语，但如果知道还有"抓起猪，套起圈，娶起媳妇管起饭"等说法，或许就恍然大悟了。这句俗语流行于"父母之命，媒妁之言"的年代，做父母的当然都希望未来的媳妇或女婿能顺心如意，于是格外看重待选亲家的家风，如果知根知底就会放心许多。"买猪看圈"，说的是在儿女成婚之前，托人打听未来亲家的口碑；"抓起猪，套起圈，娶起媳妇管起饭"，则是说在成婚以后，就要尽量接受对方的一切。再推想，这可能正是胶东民间相亲分两步走的原因，女方在"看人"满意后，再找个日子到男方那里去"看家"（俗称"上门儿""盼家""认亲"等），带着自家姐妹或闺蜜同来，帮着掌眼把关。

再如书中的一句俗语"老牛巴谷雨，懒老婆巴四十"，前一句说的是农时，后一句说的是人事。老牛盼望谷雨，是因为春耕春播即将结束，劳累一春的老牛终于可以歇一歇了，此时正是暮春时节，有大量肥嫩丰美的青草可饱口福。"懒老婆巴四十"，意思是说懒女人盼望早一点儿到四十岁，"多年的媳妇熬成了婆"。一旦将媳妇娶进门，就由被人使唤到使唤人，从此许多活计就不用做了，日子就舒服多了。于是，乡村女人的又一轮宿命宣告开始。

再次，兰玲早就注意到俗语的特定含义和文化底蕴，认为俗语与民俗形态、民俗事象之间关系密切[1]，本书也并非在做俗语钩沉的单纯工作，而是有较明确的学术自觉意识。

根据我的观察，在潍水沿岸一带特别讲究"长兄如父，长姐如母"，这跟当地长女"长住娘家"的习俗是一致的，是否跟先秦时齐地"民家长女不得嫁，名曰'巫儿'，为家主祠"的情况一脉相承，不得而知。在山东其他地区，则多说"长兄为父，老嫂比母"，视出嫁后的姐妹为"外家人"。兰玲在《老嫂比母》一节中写道："过去的人十七八岁结婚很正常，甚至还有更早的。结婚早，生育也早，又没有计划生育，所以每家基本都是五六个孩子，多的有十个八个的也很常见。大哥比最小的弟弟妹妹大接近 20 岁的多的是，好多媳妇过门后跟婆婆一起坐月子，这就出现了有的小叔子小姑子比自己侄子侄女还小。若是婆婆奶水少或不幸去世，嫂子更是拿小叔子小姑子当自己孩子一样对待，给予母性的温存与关爱，甚至有的小叔子小姑子还是吃嫂子的奶水长大的。如此，嫂子对弟弟妹妹就有了养育之恩，'老嫂比母'的说法更加合情合理……"

娓娓道来一番，将传统的胶东乡村生活描述得鲜活生动，点出了"老嫂比母"这一习俗的生活根基。我好像记得，曾有人认为民间文学是包括俗语在内的，因而没必要在民间文学研究之外另辟俗语阵地。这真是一种误解，俗语与民间文学的差异十分明显。如果说民间文学反映的是日常生活中"非常"的

---

[1] 兰玲，《从汉语俗语透视胶东民俗现象》，《烟台师范学院学报》（哲学社会科学版），2006 年第 2 期。

一面，那么民间俗语所表达的就是完整的生活世界。就以关于乡村媳妇的素材而论，民间不仅有各种各样的"巧媳妇"，也有那种"拖倒公，拉倒婆"的笨手笨脚的媳妇，而处于两极之间的就更多了，否则就不会有那么多婆媳如天敌的故事。民间文学却主要关注"巧媳妇"和"懒老婆"的两端，相比俗语而言，其视野就狭窄了很多。如胶东俗语"扁担不是草长的，媳妇不是婆养的"，一语道破媳妇与娘家妈、婆家妈之间关系的亲疏远近，就其寓含的人情世故来说，是胜过百千婆媳故事的。

最后，还要提几句对俗语研究的期望，既是励人，也以自励。

其一，关注俗语的地方性与超地方性。民众在日常生活中所使用的俗语，之所以能够进一步形成江湖切口、行帮行话之类特殊语言现象，或被文艺作品所借用，是因为其兼具地方性与超地方性的双重特性。当然，超地方性又是以地方性为基础的。

其二，俗语既是一种民俗事象，又是一种生活叙事，兼具资料学和思想史的重要学术意义。透过俗语，有助于理解在国家历史进程与地方社会发展中积淀的民众心态。比如，在我国各地普遍存在的"先有庙，后有村""无庙不成村"等俗语，其实隐含着民间借神圣立村、纳入国家系统的诉求。当人们聚居某地，无论人数多少，没有建庙就只是一处生活聚落，而不被视为独立的村落共同体，所谓"无庙不成村"。唯有兴修了庙宇，建立起人鬼神俱全的天地宇宙系统，这一聚落才具有了立村资格，而更重要的，是可以进一步建立与"国家"的直接联系，人们成为"化内之民"。即使地处偏远，人们也要以皇权之下、神明在上的名义，确立一套天地时空秩序和价值系统，建构地方社会。当俗语被表达的时候，也正是某种社会观念被激发与运用之时，俗语所携带的"天经地义"的权威力量，以言简意赅的浓缩语句，被人们用以评判是非，解决眼下困境。

其三，俗语表达高度依赖语境，应注意俗语与民俗的相互建构。"言语的习俗构成了集体记忆最基本同时又是最稳定的框架"[①]，为村民所频繁使用的俗语，最贴近村民的历史与当下生活，最贴近村民的心灵世界，堪称是理解民间生活与文化的一条捷径。然而，村民在日常生活中经过长期磋商而形成的俗语，虽然为村落群体成员所共享，并无形中在乡土社区内具有了"天经地义"的权威，但这种权威却不为所有乡土社区成员均质性地共享。在一般村民看来，他们对于当地的俗语虽然已耳熟能详、心领神会，但远不能像村里一些能说会道的人物运用得那么巧妙，尤其是面对外来客人的时候。学者在田野调查的过程中，经常有这样的苦恼——如果找不到合适的访谈对象，不仅听到的俗语有限，俗语的弦外之音也很难领会。不过，俗语与其他文化形式是一种"互释"的关系，影响较大的地方社会观念，必然会在俗语中有所表达，也必然会在其他民俗事象

[①]〔法〕莫里斯·哈布瓦赫，《论集体记忆》，毕然、郭金华译，上海世纪出版集团，2002年，第80页。

中有相应表现。换句话说，民间社会中的文字资料、族谱、墓碑、标志物和仪式活动等，可以用来补充和矫正我们对俗语的理解，这是需要格外注意的。

张士闪

2019 年 4 月 6 日于山东大学

（张士闪，山东大学文化遗产研究院副院长、儒学高等研究院民俗学研究所所长、教授、博士生导师，兼任中国民俗学会副会长、山东省民俗学会会长）

序二

从山曼到兰玲

　　鲁东大学文学院的兰玲老师要将她多年搜集的胶东乡言村语写作成果汇集成书，这是个令人鼓舞的消息。

　　作为一名地方媒体的资深从业者和一名老编辑，我想借此文集面世的机会，回顾一下《烟台日报》开创的第一个民俗专栏，和我因编辑专栏而与著名民俗学者山曼先生成为忘年交，并最终与兰玲老师结缘的故事。

　　提起这个话头，时间就要回溯到 20 世纪 90 年代初了，那个时候我做《烟台日报》文化专版的编辑，在部门领导的建议下，在版面上开设了《烟台民俗·山曼专栏》。那应该是《烟台日报》开设的第一个个人专栏，"山曼"二字用的是山曼先生的手写署名。20 世纪 30 年代生人的山曼先生毕业于山东大学历史系，是全国知名的散文家，文字跳脱机智、别具一格；也是著名的民俗学者，他和山大的李万鹏、叶涛两位学者并称"山东民俗三剑客"，而他是公认的三剑客之首。经由《烟台民俗·山曼专栏》，原本沉积在民间和方志中的众多烟台地方民俗宝藏，变成通俗好读的文字，来到读者们的案头。这个栏目可以说开地方报纸关注地方民俗文化风气之先，不仅为读者所追捧，还获得了山东新闻奖好专栏奖。

我这个编辑领域的初生牛犊，初试啼声便有幸遇见了山曼先生，而山大校友的身份，让我们又多了一份亲近，成为忘年交。后来，山曼先生称我为"小师妹"，我没大没小，呼他"老学兄"。其后近十年的时间里，山曼先生在他挚爱的民俗研究领域不断攻城拔寨，收获一个接一个的硕果，我在烟报集团内部的日报和晚报几次转换身份。我们的合作，也不断推进，从日报到晚报，从《烟台民俗》到《烟台民间玩具》《烟台村名谈》《乡语新篇》……特别难忘的是，山曼先生俏皮有趣的文笔，在《乡语新篇》专栏发挥到极致，短小精悍的文章，字里行间仿佛跳动着一颗不老的心，纸页上时时浮现他老顽童般的笑脸。他还从个人丰富的民间剪纸收藏中搜寻相应的配图，与文章主题相得益彰，文图同时见报，使得他主笔的《乡语新篇》专栏的一篇篇文章，仿佛一幅幅活脱脱的民俗风情画，在读者眼前一一展开。

几次在报社办公大楼里搬家，几次整理堆积如山的来稿和报纸版面，断舍离了不知多少次，山曼先生的几篇手写来稿，总是归于珍藏级，妥妥地锁在我的办公桌抽屉里。我常常想，如果不是先生沉疴在身，学术壮年便撒手而去，我们合作的栏目会一直延续下去。

然而世间没有如果。山东民俗界永失山曼先生。我们这座城市的学界也追悔没有给予先生足够的重视和支持。我亦痛悔，这么多年，只是沉浸于繁杂琐碎的编辑工作，任由时光在忙忙碌碌却一事无成中一去不返。而山曼先生即使缠绵病榻，依然坚守在民俗研究和写作的田野上，这样的画面始终定格在我记忆深处，令我于自惭形秽中，奉其为精神图腾，期待着有朝一日，也能如先生一般，找到自己的泉眼，汲到汩汩的甘泉！

我第一次听说兰玲这个名字，便是从山曼先生的口中。那时，山曼先生时常慨叹后继乏人，尤其是在他工作生活的烟台，民俗研究的后备人才面临严重断档。而民俗事象这种生长于民间的活的学问，其植根的乡土和乡民，正随着城镇化的进程以超高的速度消亡，仅凭民俗圈里为数不多的专家学者的力量，难以完成深藏在民间的民俗文化宝藏的挖掘整理工作。他说他有个学生，名叫兰玲，他正引领她从事民俗研究方面的学习，希望她可以尽快地参与到他的田野采风中去，协助他来完成一些工作。然而，山曼先生的田野作业，远没有想象中那么浪漫文艺拉风，动辄一走就是好长时间，特别是他沿黄河采风的那些年，没有一个年轻人能够跟得上他的节奏，他说他随身携带一个塑料桶，里面装着洗漱用品和水杯干粮等必需品，到了有水的地方，接上水就可以洗刷，走累了，倒扣过来就是一个座椅，可以小坐歇脚。在东营垦利黄河入海口的冲积平原上，为了去路途遥远的采风地点，他沿途搭乘当地农民的骡马车，一路颠簸，屁股上的皮都磨破了，伤处结痂跟裤子粘在了一起……他说起这些，脸上总是带着不经意的笑，语气也是轻描淡写，但听到的人无不佩服他孤身走黄河的勇气。我常常把想跟他去采风挂在嘴上，但只不过去了一次招远。那时他为山东省委宣传部主办的《走向世界》杂志撰写中国特色小镇系列文章，想去有"中国黄金第一镇"的招远市玲珑镇采访，我当时在日报编辑部，便请当地宣传部出面联系，陪他走了一趟玲珑，此行获当地积极配合，虽说也在金矿矿脉所在的山上转了半天，看到不少已经塌陷废弃的矿洞，但跟山曼先生"独行侠"式的黄河采风壮举，压根没有可比性。那次同行，山曼先生看到我随身带的一大包行李，问了一句：这都是你要用的？我当时回他，说包里都是出门在外的必需品。事后想想，山曼先生内心一定在想，这么啰唆娇气，还说要跟我去黄河采风？跟先生外出采风学习，我绝对是向往的，但我也知道我不合格，一来工作走不开（这是个放之四海而皆准的理由），二来我知道我吃不下那个苦，这一大包行李就不合格。那个时候的兰玲，大学毕业踏上教学岗位没几年，结婚生孩子应也在那个时间段，长时间的田野作业对她来说应该也是不可能完成的任务，所以，在听说这个名字之后的很长时间，山曼先生还是一个人前行在他的民俗采风和写作之路上。

但，兰玲这个名字，我记到了心里。兰玲，单单听到这两个字，便觉蕙质兰心，玲珑爽利。等到多年后真正结识，果真不负想象：一位小巧玲珑的女子，携着胶东海滨独有的明媚和清爽，一开口，宛如清越铃音。怨不得她曾经教过的学生，在回忆中学时代的文章中，专门要写上一笔老师那好听的嗓音。

记得是为了提升《烟台晚报》地方文史类副刊版面《烟台街》的稿件质量，我建议版面编辑联系兰玲老师约稿。一如多年前的"山曼"，"兰玲"这个名字，很快成为我们版面上的常客。贴近不同时令节气节日，深植胶东大地的山野乡间，各类鲜活的民俗事象，经由兰玲老师的笔端，不断登上《烟台街》版面，跟其他几位骨干作者一起，撑起了《民俗采风》这个栏目。兰玲老师的文笔，不似山曼先生那样跳脱风趣辛辣，而有着女性写作者的细腻和多年浸淫于民俗学科的专业、严谨，她用平实克制的语言，忠实记录还原胶东大地上的各类民俗事象，将她多年采风研究的成果奉献给读者。

在版面上读了不知多少篇署名"兰玲"的民俗采风文章之后，在一次活动上，我见到了真人，主动上前打了招呼，然后一见如故，相交至今。除了民俗方面的写作，兰玲老师也跟山曼先生一脉相承，在散文写作上游刃有余，所以后来我多次组织晚报文学副刊的主题采风活动，总喜欢约上兰玲老师，通常有了她的加盟，主打文章就算尘埃落定了。2007年，烟台市散文学会成立，我们又多了同会之谊。日常联系，我不称她老师，而是直呼姐姐。见面次数多了，聊得深了，知她虽长我两岁，却是同年参加高考，若不是当年志愿填报失误，说不定就是大学同窗了。所以说，人与人之间，缘分是个很奇妙的东西。从山曼到兰玲，我们的缘分起于编辑与作者的合作，却又不仅是编辑与作者间的简单合作，还是人与人的性情相投，这样的缘分，值得一生珍惜。

2017年，兰玲老师开通了个人微信公众号，开始推送自己的"乡言村语"系列文章。开启这个系列的写作，我想她内心一定怀着向山曼先生致敬、传承山曼先生治学精神的初衷。有一次我们联系时，她说想结合晚报的《街语巷话》栏目，与读者分享她的这批新作。我当然赞成，并极力鼓动她，以她的名字推出一个新的专栏，每周在固定时间见报。我做着这样的建议时，脑海中交错浮现的，便是曾经的《烟台民俗·山曼专栏》和《乡语新篇》。我特别希望，山曼先生的学生，可以在先生曾经挥汗耕耘的田野上，再开垦出一片沃土，并生发出一片胶东乡语研究的新丛林。然而，兰玲老师低调，她推掉了这个可以在栏目上打上个人标签的创意，只是在《烟台街》版面已经持续多年的《街语巷话》栏目中，按照每周一期的节奏，开始将她多年在乡间采风所得的鲜活词汇语句，犹如亮宝一般，一一奉献给晚报的读者。

浏览文集的成稿，这部《乡音不改：胶东乡言村语笔记》，虽只收取了兰玲老师"乡言村语"系列的100篇文章，但每篇文章都称得上是内涵丰厚、结构完整、主题鲜明、语言鲜活的妙文。归纳一下，有如下突出特点：

一是丰厚的专业底蕴赋予的深厚内涵。因为自身的专业特点，兰玲老师记录"乡言村语"，没有把视角局限于对词汇与语句的简单解释，而是把文章的血脉深入到语言产生的厚重乡土和这片乡土上生长着的民风民俗。语言是交流的工具，使用这个工具的是植根一方乡土的活生生的人。乡土、乡俗、乡民、乡语，作者用一句"乡言村语"串起上述种种，从民俗学的专业角度对它们进行剖析、整合、解读，让读者读后豁然开朗。我们在生活中，时常与"乡言村语"不期而遇，用于表达某种意思，传递某种态度。在某种程度上，"乡言村语"比普通话更切中肯綮，但对"乡言村语"，我们常常知其然，不知其所以然，兰玲老师的"乡言村语"系列文章，筚路蓝缕，考据探源，释疑解惑，功莫大焉。释疑解惑，师者之天职，身为大学教授的兰玲，通过这一篇篇深入浅出的文章，将民俗学的讲堂搬上了都市报的版面，惠及了广大市民读者。仅以《鲅鱼跳，丈人笑》为例，这句与胶东沿海渔汛有关的俗语，为何与老丈人扯上了干系？仔细读完兰玲老师的文章，不但对鲅鱼这一胶东沿海的海产品和与其有关的特色美食鲅鱼饺子有了深入的了解，还明白了为何鲅鱼渔汛时节老丈人会如此高兴。原来在整个胶东，特别是莱州、青岛两地，每到春季鲅鱼上市时节，有晚辈给长辈送鲅鱼的敬老习俗，尤其是女婿要给老丈人送鲅鱼。女儿出嫁的人家，这个时节，既吃上了新鲜的鲅鱼，又见到了远嫁的女儿，老丈人哪有不笑的道理？借由一句俗语，既介绍了胶东渔汛和食俗，又将民间流传已久的敬老礼俗重新传播，对逐渐远离乡土的现代人来说，不啻为善意的提醒。"胶东半岛民风淳朴、物产丰饶，人们会按时把节给老人送时新的吃物，叫'变变季数'，如下来了樱桃，或是新杏、新桃，都会先买了孝敬双方父母。沿海地方喜食海鲜，这又是胶东菜的主要特点，女婿给丈人送鲅鱼也应了这个食俗"。不论是鲅鱼还是樱桃、桃、杏，生活越来越富足的胶东人家都不缺这些吃食，但借着"变变季数"常回家看看，是传统礼俗依然具有的现代意义。一句鲜活的乡语，引发人们对古老习俗的再关注和再思考，是作者丰厚的专业底蕴，赋予了文章深厚的内涵，令读者受益匪浅。

二是高妙的写作手法突出鲜明的主题。前面说过，兰玲老师跟她的老师山曼先生一脉相承，不仅是民俗研究的行家，也是散文写作的高手。"乡言村语"系列的每一篇文章，都不是简单地在对"乡言村语"进行民俗学意义的记录和解剖，而是将语言置于其产生的地域、时代和社会生活中，对语言的起源、使用、特点和流传，进行生动地再现，甚至是引申开来，发出自己的声音。千字左右的篇幅，要实现上述种种目标，兰玲老师积淀已久的写作功力在这时候派上了用场，起承转合间，一篇结构严谨、主题鲜明的妙文就呈现在了读者面前。以《把门将军》为例，短短千余字的篇幅，从神话到宗教，从皇帝到民间，各种"把门将军"的来历、传说、寓意和功用，均交代得明白晓畅。更妙的是，本文不仅是一篇关于民间门神信仰的民俗学意义的普及文章和世俗意义的"门神"使用说明，更在结尾从"门神"引申开来，对一些部门"门难进、事难办"的积弊进行了批判。作者写道："门神就是一张神像画纸，若真从画上走到现实中来就有些吓人了。……小民百姓去政府部门办事，原本就小心翼翼，心怀忐忑，再遭遇脸难看门难进，老百姓事后也会说你和个把门将军一样，虽人微言轻，却说出了他心里的愤懑与对你的不敬。这个'把门将军'已经不是能给人们带来吉祥安宁的'保护神'，而是有些吓人的凶神恶煞了。俗话说：'敬神，有神在；不敬神，泥土块。'敬你是神，是因为你为人们服务；你若不能做人们的公仆，就该走下神位了。"不动声色间，只一句俗语"敬神，有神在；不敬神，泥土块"，作者的主张便一目了然，文章的主题也得到了凸显，令读者不禁拍案叫绝。这样干净利落的写作手法和旗帜鲜明的观点，在兰玲老师的"乡言村语"系列中俯拾皆是，并且有山曼先生《乡语新篇》里的神韵，可谓是得到了山曼先生的真传。

三是常年的采风积累造就的本土特色。兰玲老师笔下的"乡言村语"，大多源于她多年胶东生活的积累和常年深入乡村的采风。仅近几年，她采风的脚步就几乎遍及胶东的大部分地方。即便是在朋友小聚的餐桌上，在跟我们一起参与文学采风活动的路途中，她也能敏锐捕捉到写作的对象，并举一反三，将类似的民间语汇尽收囊中。这样的生活积累和持续不断的田野采风，给"乡言村语"系列文章注入了浓厚的本土特色。翻阅"乡言村语"系列文章，随处可见"胶东"标签："炕上没有席，脸上没有皮"，与胶东民居中的标配胶东大炕相关；海鸥在胶东沿海被称为"海猫子"，渔民们在跟海鸥打交道的过程中总结出了"海猫子叫了快落锚""海猫子不识潮流（水）"；在远离海滨的胶东屋脊栖霞，野兔又被称为"山猫子"，山民们嘴里的"山猫子叫门——送肉来了""山猫子上大道——混充高丽马"，有着浓浓的胶东山野味道；"海里海蜇熊，地上老人熊""沙海蜇""化了海蜇"，这"海蜇系列"乡语，没有一点儿胶东沿海生活体验，还真悟不出其中的妙处；"豆腐掉到灰里——吹不得打不得"，有豆腐的地方可能都有这句乡语，但作者的解读结合了栖霞北部的一道非常有名的地方特色小吃——灰豆腐，便又多了不一样的感悟；"丁香海棠不同插一个花瓶"，这是胶东民间流传甚广的一句俗语，源头是流传于胶东的一个有关灶王爷的传说……出生于胶东，成长于胶东，看不尽的胶东，写不尽的胶东，随手拈来，皆是胶东。胶东人骨子里总有一种对本乡本土的近于偏执的热爱，兰玲老师的"乡言村语"里有着如假包换的胶东特色，这一点无须赘言。

山曼先生的"乡语新篇"后来结集为《齐鲁乡语谭》，兰玲老师的"乡言村语"即将结集为《乡音不改：胶东乡言村语笔记》。从山曼，到兰玲，从"乡语新篇"，到"乡言村语"，我想说，虽然山曼先生已踏歌远去，但在他开垦的这一片田野上，还有兰玲老师在辛勤劳作，我们的读者依然可以读到这一篇篇"顶花带刺"的鲜美文章，山曼先生当年的遗憾当可以弥补了。

行文至此，蓦然想起，山曼先生远行已有 12 个年头。又是清明时节，借此文，一并向山曼先生致敬。

徐绍磊

2019 年 3 月 28 日

（徐绍磊，《烟台晚报》专刊部主任、烟台市散文学会副会长、烟台市芝罘散文学会副主席）

目录

按下葫芦起来瓢

在乡间，葫芦常见，瓢更常见。葫芦有浮力，因而有俗语"按下葫芦起来瓢"，用来比喻事情头绪多，顾了这头就顾不了那头；或者指要安抚的对象多，说服了这个说服不了那个。这句俗语中更多体现的是葫芦在生活中的广泛用途。

葫芦肉可以吃，葫芦去了肉之后就可以做容器，用来盛装东西，只留一个小口，人们称之为"葫芦头"。用来盛酒就是酒葫芦，用来盛药就是药葫芦，因而，葫芦也成为酒铺、药店最喜欢用的招幌，也有了"不知道葫芦里卖的什么药"这样的俗语。

葫芦在农家最大的用途是做瓢。农家的葫芦瓢随处可见，从形状上分，有圆的有长的，有独头的有亚腰的，大大小小，各种规格。瓢是人们最常用的一种炊事工具，有清水瓢、浑水瓢、面瓢、米瓢等。瓢几乎可以用来盛舀任何东西，舀水用瓢、倒水用瓢、盛水用瓢、淘米用瓢，这是湿瓢；挖米、挖面用瓢，盛瓜子、花生、玉米也用瓢，这是干瓢。二月二炒了料豆，七月七烙了巧果，刚炒熟了的瓜子、花生和玉米，也都用瓢盛了端到街上给街坊们品尝。瓢的用途广泛到几乎无处不在，面缸里有瓢，米缸里有瓢，水缸上有瓢，锅台后面也有瓢。农家妇女还用瓢作为量具，煮面条用几瓢水，煮饺子用几瓢水，或蒸一锅馒头挖几瓢面，做一顿干饭用几瓢米，心中都有数；且半瓢、平瓢、满瓢各有定则，今天借了西邻一平瓢米，明天有了再还人家鼓尖一瓢，不用秤不用戥子，民间的公平与感恩在瓢来瓢去里即见分晓。

等到家门口墙头上的葫芦长成了，家里的主妇就会拿一根大针扎一扎葫芦，针扎不进葫芦里就算成熟，便可以摘下来做瓢了。用葫芦做瓢，就地取材，绿色卫生，一剖两开，各成一扇。但让一只成熟的葫芦变成两扇瓢也是个技术活儿，需精确地分割才能晒成两扇完美耐用的葫芦瓢，最好是赶上谁家正好有木匠在做木工活儿，找木匠锯开，自然是又快又好。当然，能干的农家妇女自己用小锯条也能把它分开。做瓢的葫芦需成熟，否则晒出来的瓢是夹瘪的，不受使或使不住，好瓢应该是饱满的、周正的、光滑的。好瓢是家庭主妇的宝贝，用得也仔细，一扇好瓢可以用好多年，开了口子，用线穿几针照常用。如今的塑料瓢五颜六色，却不如葫芦瓢拿在手里称手实在。

葫芦的实际用途还有很多。可以做成蝈蝈笼等艺术品来赏玩，也可以做成美妙的乐器，亚腰葫芦还可以做孩子的

玩具，等等。古人还用葫芦喝交杯酒，即合卺礼，将葫芦一剖为二，以柄相连，以之盛酒，夫妇共饮，表示从此成为一体。任何事物，最首要的还是其实用价值，然后才衍生出其他价值，葫芦亦然。从古人用葫芦做播种的农具，做凫水的工具，做武器，直到今天，葫芦就这样一直伴随着人们，与人们的生活密切相关联着。

把门将军

进得禅院寺庙的山门，常见门两边塑着身材威武高大、面目狰狞的塑像，他们都是什么人呢？人称把门将军。

常见的把门将军有哼哈二将，《封神演义》中，把这两位佛教守护寺庙的门神附会成两员形象威武凶猛的神将。一为郑伦，能鼻哼白气制敌；一为陈奇，能口哈黄气擒将。姜子牙封神时敕封郑伦、陈奇镇守西释山门，宣布教化，保护法宝。还有四大天王，俗称"四大金刚"，也常被塑在山门之后，清代霍灏《通俗篇》载："寺内四大金刚各执一物，俗谓'风调雨顺'四字：执剑者，风也；执琵琶者，调也；执伞者，雨也；执龙者，顺也。"风调雨顺，预祝五谷丰登、国泰民安之意。这佛教守护众生的四大天王，被汉化为分别代表"风调雨顺"，成为护佑天下太平的四大门神。

不只庙宇内有守护神，皇帝是真龙天子，也需把门的将军。方相、方弼兄弟是商朝殷纣王的两位镇殿将军，即"把门的将军"，二人因不满商纣暴行，反出朝歌，为周王朝的建立做出过巨大贡献，死后被封为开路神，后世人们把二人尊为显道神、开路神，也做门神。

"把门将军"到了民间，就是所说的门神，最早的门神是神荼、郁垒，东汉王充《论衡·订鬼篇》引《山海经》的传说，说他们两个是能够捉鬼的神人，负责将恶鬼用苇索捆了去喂老虎。因为天下的鬼都畏惧神荼、郁垒，于是民间就用桃木刻成他们的模样，放在自家门口，以辟邪防害。后来，干脆在桃木板上刻上神荼、郁垒的名字，认为这样做同样可以镇邪去恶，这种桃木板就被称作"桃符"，后来演变成用红纸写上吉祥话语的春联，过年贴对联即由此而来。

唐代开始，尉迟恭和秦叔宝成为著名的门神。相传有一次唐太宗李世民生病，总做噩梦，夜里总听到鬼叫。这事被开国名将尉迟恭和秦叔宝知道后，就全副披挂，在门外彻夜守卫，结果太宗不只睡得安稳，病也渐渐好了。尔后，他就命画工画了两位大将的像，贴在门上，借以镇邪避祟。这个做法很快在民间流传开来。

门神有单座和双座之分。单座如钟馗等，双座居多，有统计说大约有三十六对之多。赵云和马超、马超和马岱、程咬金和罗成、薛仁贵和盖苏文、孙膑和庞涓、白起和李牧、扶苏和蒙恬、孟良和焦赞、胡大海和常遇春等都在其列，大多是骁勇善战的大将，是名副其实的将军。不同的地域人们所选门神也不同，最常见的是尉迟恭和秦叔宝、关羽和张飞。人们认为，尉迟恭和秦叔宝等人以勇武见长，所以能抵御恶人。

在民间，门神是正气与武力的象征。据说，大门上贴上门神，一切妖魔鬼怪都会望而生畏。合上门，有门神守住门户，就把鬼挡在了门外，大小恶鬼不敢入门为害。没有人见过鬼，于是想象鬼是很可怕的样子，需要以恶制恶才能制服，所以民间的门神永远都怒目圆睁，相貌狰狞，手里拿着各种传统武器，随时准备同敢于上门的鬼魅战斗。人们敬门神，认为他们能驱邪辟鬼、卫家宅、保平安、助功利、降吉祥，是人们的守护神。胶东民居大门两旁的墙上常见有两个洞龛，用精美的砖雕做成香炉的样子，那是专门烧门香敬门神的香窝子。所以门神样子虽凶，却深得人们喜爱。

门神就是一张神像画纸，若真从画上走到现实中来就有些吓人了。生活中，有的人过于威严或吓人，人们就会说他"和把门将军一样"；小民百姓去政府部门办事，原本就小心翼翼，心怀忐忑，若再遭遇脸难看门难进，老百姓事后也会说你

"和个把门将军一样"，虽人微言轻，却说出了他心里的愤懑与对你的不敬。这时候百姓嘴里的"把门将军"已经不是能给人们带来吉祥安宁的"保护神"，而是有些吓人的凶神恶煞了。俗话说："敬神，有神在；不敬神，泥土块。"敬你是神，是因为你为人们服务；你若不能做人们的公仆，就该走下神位了。

鲅鱼跳，丈人笑

鲅鱼，学名蓝点马鲛，刺软，味美，为人们所喜食，红烧、熏制都是美味。鲅鱼有春鲅鱼和秋鲅鱼之分，人们说春鲅鱼鲜、秋鲅鱼香。鲅鱼怎么吃都可以，但最值得一提的是胶东沿海的特色美食——鲅鱼水饺。

胶东的鲜鱼饺子不止鲅鱼这一种，但以鲅鱼饺子最为有名。每年春天，下来新鲜鲅鱼，无论怎样，人们都要包顿鲅鱼水饺吃，以至于大家闲聊间都会问起吃了几顿鲅鱼水饺了。鲅鱼水饺令域外人所称奇，不明白怎么就能用鱼包了饺子，更不知如何做，而胶东沿海的女人们都会包得一手好鲅鱼水饺，依照自己的口味，各家有不同的吃法，鱼少人多的情况下剁上点儿萝卜丝，有喜欢吃油水大的切上点儿肥肉丁，还有的人家喜欢用猪油调馅，各家做法虽有差异但大同小异，就是将鲅鱼去骨去皮之后，用筷子将鱼肉顺一个方向搅散，因鱼肉太干，搅时须加水，并加进自己喜欢的调料，直至搅成糊状，最后再加点儿韭菜提鲜味。鲅鱼水饺的特点是个大皮薄，渔家人说原本是打鱼人船上吃的，怕渔讯来了赶不及，包得个大会节省时间，吃起来也快，更主要的是享受一大口鱼馅吃到嘴里的那种爽滑鲜美。

过去渔业资源丰富，整个胶东沿海，西从三山岛东到石岛，南从小青岛北到长山列岛，海边的人们吃鲅鱼水饺是很普通的居家饮食。有意思的是，这些地方的人都说自己当地的鲅鱼水饺才是真正的鲅鱼水饺，最为纯正。鲅鱼水饺以个大著称，尤其是蓬莱、长岛等地的鲅鱼水饺，每个一般在二两左右。因为鲅鱼水饺的个头太大，以至于坊间流传内地游客来烟台吃鲅鱼水饺而闹出过笑话。话说上来饺子后，客人问，我们点了饺子，为什么上来的是包子？这个笑话也是极言鲅鱼饺子之大。因此，胶东当地人在宴席最后上鲅鱼水饺，常常不像吃其他水饺那样论盘论斤地上，而是论个，因为这样大的鲅鱼水饺你根本吃不下第二个。

胶东沿海的人们如此喜食鲅鱼，以至于春天下来了新鲜鲅鱼，有晚辈给长辈送鲅鱼的习俗，尤其是女婿要给岳丈家送鲅鱼，以莱州、青岛等地最盛。新鲜鲅鱼上市时，年轻人一定要给两边的老人送鲅鱼，这成为雷打不动的规矩，非常讲究。近年来渔业资源渐趋枯竭，鲅鱼价格不菲，但即使价格再贵也要送，送不起大的送小的，如果不送，就会被外人笑话为不孝。

7

因此，一时如洛阳纸贵一般，鲅鱼价格一路攀升，虽然此时鲅鱼的价格为平时的几倍，但多年来却成为不变的习俗。

胶东半岛民风淳朴、物产丰饶，人们会按时把节给老人送时新的食物，叫"变变季数"，如下来了樱桃，或是新杏、新桃，都会先买了孝敬双方父母。沿海地方喜食海鲜，这又是胶东菜的主要特点，女婿给岳丈送鲅鱼也应了这个食俗。女儿女婿有这份孝心，岳父母当然高兴，这也就有了"鲅鱼跳，丈人笑"的说法，"笑"更主要的原因，则是因为女儿可以借机回家探望。另外，此时也是针梁鱼（也叫梁鱼）上市的季节，莱州等地也有女婿给岳丈家送针梁鱼的习俗，当地人善烹针梁鱼，有"不吃针梁鱼，不算过鱼市"的说法。

"鲅鱼跳，丈人笑"中的两个动词不仅押韵，且极为传神，"跳"，言鲅鱼正当季，产量多而新鲜，似可见鱼之欢跃；"笑"，言岳丈欢喜之情发自内心，似可闻其笑声朗朗。两个字使形象呼之欲出，可见民间语言之生动，生活气息之浓郁。一句俗话

蕴含两种习俗，由食俗而礼俗，其中体现了胶东的饮食特点，更体现了尊老敬老这一中华民族的传统美德，体现的是孝道文化。

包子有肉不在褶儿上

　　包子是居家饮食的主食之一，随便什么菜都可以用来包包子，吃包子一般不用再另外做菜，既当饭又当菜，是很省事的一种面食。从面皮看，有发面的和不发面的，有凉水面和烫面的；就馅料而言，有素的和肉的；在蒸制上，分蒸包和煎包；在形状上，一般分圆形的和长形的。

　　包子一般是有褶儿的。狗不理包子是天津的地方名吃，据说正宗的狗不理包子一定要一个包子十八个褶儿，讲究的天津人吃包子数褶儿的，少一个褶儿都不行。胶东居家饮食的包子虽不这样讲究，但也捏褶儿，一是好看，二是不容易开裂。捏褶儿一般有三种：圆形的从周边捏褶儿至中间；长形的又分两种，一种是在中间收捏成麦穗状褶儿，另一种是将边捏合后，再向上翻捏成狗牙状褶儿。荣成石岛地方将发面的圆形包子称为"菜饽饽"，意思是中间夹了菜的饽饽；而包子和菜角（方音读 juě）子都是凉水面，只是有褶儿无褶儿之别，有褶儿的叫包子，不捏褶儿的如同扁角，半月状的，叫菜角子。

一般意义上的包子是要有肉的，有肉才更香更好吃，以至于有"肉包子打狗——有去无回"的歇后语。现在，有些从困难年代过来的人，尤其觉得包子里一定要放肉，而且要多放，因为与现在为了养生而特意吃素包子不同，过去农家的包子几乎是全素，若能吃上有肉的包子都是一种奢望，肚子都填不饱更不用说吃肉了。所以，事实上的包子是无肉的，若是偶尔有一点儿肉，会过日子的家庭主妇们也舍不得多放，她们会将肉切成肉丁放在一只碗里，用面酱或清酱入味，包的时候在包子的两个角上，一边放一块肉，这样开始吃一块，最后吃一块，让孩子开始就有希望，吃完了还口有余香。如果肉太少，不能保证每个包子里都有，那些没包肉的包子就会被母亲们做上记号，留给自己吃。包个包子，主妇们都要如此费心，曾经的艰难生活可见一斑。因此，对于困难年代肚子里油水少的人们来说，当然包子的好吃比好看更重要，这也才有了"包子有肉不在褶儿上"的说法，有的地方也说"包子好吃不在褶儿上"。

中国美食讲究色香味俱全，肉和褶儿如同包子的内容与形式，肉是内容，褶儿是形式，内容决定了包子的口感味道，形式决定了包子外形是否赏心悦目，这句俗语是说内容比形式重要，但对于包子而言，若内容形式兼美当为最好。"包子有肉不在褶儿上"，是说包子馅里有肉才是最重要的，外形漂亮不漂亮在其次，于是也常用来形容那些有才华又不显山不露水的人。人们说完这句话往往还会跟一句"肚里有货不在嘴上"，则是直接讽刺那些华而不实又夸夸其谈、爱出风头的人。

胶东地方还有一句与包包子有关的俗语是"黑面包包子也得捏上个褶儿"。过去小麦面粉金贵，白面留着过年过节来人待客才能吃，平常自家吃黑面，胶东地方还多用地瓜面包包子，蒸熟了也是黑色的，地瓜面没有筋力，需用烫面或加少许黑面粉，因不好成型，不能用擀面杖擀皮，得用手拍薄面皮来包馅。这样的包子无论在形状还是色泽上自然都不美观，但主妇们还是会像对待白面包子一样给它捏上褶边，这话说的是乡野百姓也同样自尊和要强，同样追求完美，追求生活的质量。这话可以用来说做事情，也常用来比喻人，譬如说有的人有骨气，日子再艰难，也要活出气节，活得精致，这里的"褶儿"又成了一种生活态度和做人的标准。这两句与包子有关的俗语都直白朴素地道出了生活的哲理。

扁担不是草长的

胶东有俗话说："扁担不是草长的，媳妇不是婆养的。"扁担是农村常见的工具，用来挑或抬重物，需要结实且有韧性，材质一般为柳木、桑木、黄杨木等，也就是说，不是所有的木头都能做扁担的，更不用说草了。这句话形象地引出了后一句话"媳妇不是婆养的",说出了媳妇与娘家妈、婆家妈之间关系的亲与疏,远与近。

这话由旧时代婆媳关系的恶性循环而来。过去,婆婆在媳妇面前有绝对的威严,大多数媳妇都受婆婆的气。想来媳妇在娘家做女儿的时候,也是被自己父母捧在手心里的,到了婆家如果遇上一个恶婆婆,心里自然苦楚难当,更会念及娘家妈,也才有了"媳妇不是婆养的"这句话,也就是说婆婆对女儿和媳妇是不一样的,如传统戏曲《小姑贤》里的婆婆姚氏,就爱女嫌媳到了极致。同样道理,媳妇在心里对娘家妈和婆家妈也是不同的,这个问题在现代社会仍然存在。

虽说现在的婆媳关系乾坤大反转,加上计划生育政策,出现了很多独生子女的家庭,好多人家只有一个媳妇,但婆婆们凑一起时还会数落媳妇的种种不是,而媳妇们凑一起时也常常吐槽自己的婆婆。如有的婆婆,不放心儿子的婚后生活,怕媳

妇照顾不好儿子，什么都要管都要问，连媳妇有多少条丝巾有多少个包也要管。其实，儿子大了就该有自己的生活，不要还想着当儿子的家，现在的媳妇大多是职业女性，经济独立，生活条件好了，不能总想着让年轻人按照老一代的方式生活。

不是说没有像母女一样亲近的婆媳，但为数不多，毕竟与有血缘关系的母女不同，民间会说"隔着一层肚皮"。实话说，婆媳只是一种社会关系，只是因为丈夫的缘故，才对一个原本陌生的人叫了妈，住在了同一屋檐下。同样的一句话，娘家妈说自己不会觉得怎样，婆婆说出来就会觉得委屈刺耳；同样，自己的女儿说话声音再大、口气再严厉，娘家妈也不会生气，而对婆婆，说话就得讲分寸。现代社会的婆媳关系已大为改观，大多数的婆媳关系是客客气气，但矛盾依然有，矛盾大了，打破脑袋的也有，于是，有的媳妇就对婆婆敬而远之，根本不见面，甚至有的媳妇婚前就声明将来不与婆婆住在一起。

要解决这个问题，首先是婆婆要疼爱媳妇，因为媳妇是到了一个新的家庭环境，一切都需要从头适应，心理上尤其希望得到婆家人的关爱，不要让她感觉自己是个外人，融不进这个家庭；而媳妇也要理解婆婆爱儿子的心情，把心态放平，也就没那么多委屈和不平，不要指望婆婆能像娘家妈那样，包容你所有的任性甚至缺点，毕竟娘家妈从小知道你的脾气性情。夫妻需要磨合，婆媳也需要磨合，凡事多站在对方的角度看问题，别那么计较，人心都是肉长的，人心换人心，时间长了，没有什么婆媳是处不到一起的。

别等着人家来送月饼了

中秋佳节，团圆美满是人们共同的追求。旧时，中秋之夜拜月、赏月的习俗十分流行。月亮升起时，人们在庭院中对月设香案，挂上月光马儿（也称太阴星君），对月祭拜。因为月亮属阴，向有"男不拜月，女不祭灶"的说法，所以拜月的多是妇女，拜月时人们多祷告："八月十五月正圆，西瓜月饼敬老天，敬得老天心欢喜，一年四季保平安。"可见月饼是拜月的供品之一。

月饼，又称"团圆饼"，状如满月，是最有中秋表征的节物，寓意家人团圆。一入农历八月，市面上即应时出售，品种繁多，有京式、广式、苏式等不同地方的特色风味。月饼最初是在家庭里制作的，到了近代，有了专门制作月饼的作坊，月饼的制作越来越精细，馅料考究，外形美观，外包装还印有各种精美的图案，如"嫦娥奔月""银河夜月""三潭印月"等。现在的月饼更是馅料丰富，其制作、包装也越来越精美，似乎无所不用其极。但无论怎样，人们赋予月饼的寓意没变——以月之圆兆人之团圆，以饼之圆兆人之长生。

除了月饼，胶东的莱州平里店等地，八月十五还做"月光"，用一种特制的"月光搕子"搕制而成；做大月糕，两层或三层，其上插枣、花果和动物造型；做"月鼓"，里面夹红糖或枣；也做兔子或猴捣臼形状的面食，极具地方特色和节令特点。

中秋节是国人除春节之外最为看重的团圆节日，也是一个维系家庭、亲族及各种社会关系的特殊空间，因而节前也有送节礼的习俗，与春节等同。节前半个月甚至一个月，人们就开始忙着走亲访友，节礼品类多样，烟酒糖茶不限，如栖霞地方一定要给老人送烧鸡，但其中月饼是必备的。

中秋送节礼，主要是年轻人孝敬长辈及亲朋好友间互相馈赠，联络感情。但还有一种送月饼，则既不沾亲也不带故，而是因为你欠了人家的钱。过去，大商户与小商户之间常有赊账的现象。从开春二月份算起，到八月正好是半年。中秋是大节，店铺都要放伙计回家过节，因此趁着八月节前，大商户会到欠账户那里结半年账，说是好给伙计发工资回去过中秋节。自古欠账的都是"大爷"，所以，进了八月门，一些大商户便自做或买了月饼，到欠账的小商户那里送月饼，到了也不用说什么，对方心里就明白，人家这是上门要账了。有道是"当官不打送礼的"，原本就是欠了人家的钱，如今人家带了月饼上门，一般不好意思再拖欠，多少也会偿还一些。因而，每到快中秋了，欠账户的账房先生往往会翻看账册子，对掌柜说"人家好来送月饼了"，言外之意是"别等着人家来送月饼了"，让掌柜早做准备给人家结账。

天上不会掉馅饼，天下也没有免费的月饼，大家都不容易，一家有一家的难处，但做买卖重要的是讲诚信，人家给你赊了账，更要好借好还，才能再借不难，如此方有良好的商业氛围。这种结半年账的方式，在民间就成了不成文的规矩。送月饼只是个由头，月饼只是个幌子。"别等着人家来送月饼了""还等着人家来送月饼吗"等说法成为业内行话，就是含蓄地体现了国人礼为先、和为贵的观念和行为，极好地诠释了和气生财的经商理念，充满了生活的智慧和语言的艺术。

不撞南墙不回头

民间说有的人很犟，或者是做事脑子不转弯，会说他是"不撞南墙不回头"，为什么是南墙，而不是东墙、西墙和北墙？这与建筑民俗有关。

从地理的角度讲，我国处于北半球，太阳在赤道与南北回归线之间来回运动，太阳总是相对处于南面，所以我国的民居大多是坐北朝南，门都是朝南开的。民间有戏言问家住哪里？答曰："大门朝南，釜臼（烟囱的俗称）眼子朝天。"从建筑风水学上来说，这属于"知阴抱阳"，也保证了居室的采光和保暖。胶东地方以四合院、三合院居多，大门最正宗的位置在东南角的巽位，四合院东西建厢房，南面建有倒厅，三合院就只有一堵单墙。因此，无论怎样，出了正屋的门向前直走，不拐弯的话，只会撞上南墙。所以就有了"不撞南墙不回头""找个南墙撞死算了"或"凡事要想开，不要去撞南墙"等说法。

这个南墙不可小觑，除夕贴对联时，"出门见喜""满院生辉"等一类春条也贴在南墙上。胶东地方的民居南墙上或倒厅的后墙或照壁的后身，常见一个神龛，做成庙宇形状，有简有繁，根据主家的经济条件而定，与房子的建筑质量相匹配，讲究的人家用磨砖雕花砌造，做工精致，民间称之为"天地窝子"，里面供奉"天地三界十方万灵真宰神位"。天地神是民间百姓心中位置最高的神灵，代表天地和合，万物生焉。过年除夕夜"岁在交子"的时候，首先要敬天地神，在神龛前设香台子摆天地供，感谢天地赐予万物，也祈求来年五谷丰登。

烟台福山等地，家家户户在腊月二十三前就开始搭天地棚，有神龛和香台子的，把天地棚搭在香台子上，没有的则用席或箔搭一个类似小庙的棚子，外面挂上松柏枝，里面放上天地桌，供上用红纸折成的神位，称"天地马"。除夕半夜子时起来"发马子"，初三送神后，或元宵节后，拆掉天地棚，烧掉"天地马"。有的人家，还常年保留搭天地棚的支架，利用天地棚的支架种葫芦、丝瓜、方瓜等。其他时候，七夕节、中秋节一般也在天地棚的位置摆供祭祀；栖霞一带结婚做花饽饽，婚礼当天也摆在南墙下的供桌上。

有人做事"不撞南墙不回头"，那么撞后的结果呢？有的人知道不可为而回头，因此又有"撞了南墙才回头"的说法；也有的人则认准了一个理儿，一条道走到黑，非要干出点儿名堂不可，人们说这是"撞了南墙也不回头"。那么，撞到南墙，你是回头还是不回头呢？

馋痒

生活中会有这样的场景，钓鱼回来路上碰见老熟人，顺手拎出两条鱼送给对方，对方却直推辞说不要，于是施者说："真不要啊，快拿着吧，就馋痒。"一听这话，受者往往就笑起来，欣然接受；也有人会觉得是被驳了面子，脸上露出讪讪的表情，人家既然不要，干脆自己拿回去吃好了。

同样，在酒桌上，开始让酒时往往有人推辞不喝，但架不住三劝两劝，还是喝了起来；有的人则是心里想喝，嘴上却要客套一下，结果由于一开始拒绝了，再想喝也不好意思了。于是在开始劝酒的时候，有人就会戏言"可别蹬巴蹬巴蹬落脱（方音读 lǔtu）了"，或者说"可别挣巴挣巴挣脱落（方音读

tùlu）了"，意思是你既然真不喝，那我就不勉强了，后面就真不再劝了。这里的"蹭巴蹭巴""挣巴挣巴"就是推让、推辞的意思，"落脱""脱落"都是松动的意思。

"民以食为天"，口腹之欲是人类共同的生存需求，美食的诱惑更是不好抵挡，相信大家都遇到过这样的情况，正巧赶上有人在品尝美食，你来了，人家邀请你吃，那么你吃还是不吃呢？明明很想吃，却顾及面子，不好意思，心里希望人家多让两次，好像是因为推托不掉才吃，这就是"馋犟"。馋犟的结果有二，一是施者只是客套一下，嘴上谦让，并不会落到实处，这时候推辞的结果就是"你不是不要吗？我也没想真给"；二是施者知道受者好面子，不顾对方的推辞坚决要给，最后的结果只能是盛情难却了。

面对这种情况，到底应该怎样做呢？一般说来，好面子、脸皮薄的人都会推辞一下，有人说这是一种虚伪，是装假，是不实在。因为生活中也有过于实在的人，人家不给自己可以张口要，人家不请自己也能拿起筷子，在任何时候任何场合都不拿自己当外人。所以，"馋犟"在熟人之间可以开善意的玩笑，在有些人那里则是不屑或暗讽。其实，实在不实在，都是一种心理，是人性格的一种反映，也能说明某种素质。"馋犟"不能简单地说好与不好，每个人都有自己的为人处世方式，这里面有一个分寸的问题，要分对谁，看彼此关系如何，在什么场合。如果是熟悉的朋友，自该坦诚相待，大可不必那般客气与推辞；若施者纯粹就是客套一下，卖卖嘴皮子，并不是真心实意想与人分享，这样的施予，不受也罢。如果是施舍就更不能接受了，《礼记》中不就有宁可饿死也"不受嗟来之食"的范例吗？在有些人看来，自尊比生命还要重要，也实为一种气节。

馋，一是指嘴馋，专爱吃好吃的食物，专想吃到好吃的食物。二是指眼馋，是羡慕、贪图，看到喜爱的东西就希望得到；犟则是指固执。馋犟，合在一起就有了不一样的含义，馋却犟着不吃，或是既想吃又不好意思，希望有人来让自己一下，以便"借着梯子下个楼"。民间语言实在是风趣又传神。

吃出剩虫来了

源于万物有灵观，民间信仰中有很多古老的自然崇拜，其中对动物的崇拜主要体现在"五大家"和"四大门"上，"五大家"也叫"五大仙"，包括狐仙（狐狸）、黄仙（黄鼠狼）、白仙（刺猬）、柳仙（蛇）和灰仙（老鼠），民间俗称"狐黄白柳灰"，或称"灰黄狐白柳"。"四大门"指狐狸（胡门）、黄鼠狼（黄门）、刺猬（白门）和蛇（常门），比"五大家"少了灰门。

这些动物就生活在人们身边，常给人们的生活带来危害，人们想尽办法减少它们的影响，却奈何不了它们，于是便产生了一种恐惧心理，对它们由畏生敬，不只轻易不伤害它们，还将其奉为神明，称之为仙家。这些动物大多繁殖力强，有的还具有特异的本领，古时候由于人们对它们的习性认识不足，就觉得它们很神奇，民间还有各种灵异的解释，围绕它们也产生了许多传说，在这些传说中被赋予了神异色彩，人们视它们为神灵，给以极高的地位，逢年过节，或遇到大事小情，都要供奉祭祀，待之如同"天地君亲师"，因此对它们也不能直呼其名，而是以"爷"称之，亲近且恭敬。这其中，蛇因其形状被称为"柳门"，又因民间称之为"长虫"而被称为"常门"，人们称"柳四爷""常四爷"的便是指蛇仙。

在胶东民间，人们称"神虫"或"圣虫"的蛇，就被当作财神，民间百姓一般从字音上直接理解为"剩虫"，意思是一切都有剩余。如民间广泛流传认为有蛇的房子吉祥，屋梁上的蛇为钱龙，主家运兴旺。过年时人们会祈求各路神仙，希望来年五谷丰登，丰衣足食，因此年前蒸饽饽一定要蒸圣虫。用面蒸成蛇的形状，或爬或盘，口中都含一枚制钱或红枣，大的放在供桌上，小的放在米缸、粮囤里，寄托取之不尽用之不竭之意。所以民间说某物品总也用不完，人们就会说"吃出剩虫来了"；若是很珍惜的东西很快用完，留恋惋惜之时，自己或别人也会戏谑道："难道你还想吃出剩虫来吗？"

圣虫的形象不只在过年时出现，其他民俗事象中也常见，建房上梁仪式上要有圣虫，蒸大圣虫放在梁上，有大的有小的，或盘或爬，称蟠龙或长龙，这也有两个含义，一是寓意虎踞龙盘，镇宅辟邪，上梁大吉；二是希望家业兴旺，殷实富足。

海阳、莱阳等地的结婚花饽饽里，会蒸一个双头人面的盘蛇形状的大饽饽，民间仍称其为"圣虫"，仍取"剩虫"意，寄寓新人婚后生活富足的希望。这很容易让人想到伏羲女娲的神话传说。汉族的上古神话中，一场洪水过后，大地上的一切都没有了生命，伏羲女娲兄妹躲在葫芦里逃过一劫，为繁衍人类，兄妹成婚。我们现在看到的汉画像石中的伏羲女娲像，即为人面蛇身；新疆阿斯塔那出土的伏羲女娲绢画更是两个尾部相交的人面蛇身图。可见，胶东婚俗中的圣虫实则即寓阴阳两性相合。

作为白门的刺猬也被人们称为圣虫。刺猬很喜欢与人们比邻而居，所以过去在乡间刺猬并不少见。民间俗信，家中的草垛和粮囤底下若是有刺猬，草就会烧不完，粮就会吃不尽。因此过年时也蒸刺猬形状的饽饽，同蛇形圣虫一样，人们认为它们都能给自己带来财富。

人们对这些动物的敬畏，过去主要蕴含原始的生殖崇拜，也表达祈福求祥的美好愿望，在现代社会，则符合人类与动物和谐相处的自然法则。

出门出到初八九，没有馉馉也没有酒

　　胶东民间习惯将走亲戚看朋友称为"出门儿"，就是出自己的家门进别人的家门做客，过年期间的出门儿就称为"出正月门儿"。现在有些年轻人不爱过年，尤其不爱出正月门儿走亲戚，说是担心七大姑八大姨问什么时候领对象回来，什么时候结婚等。实际上这往往是借口，一是现代快节奏的生活让年渐渐地没有了味道，二是年轻人不理解出正月门儿的意义。

　　正月里走亲会朋是拜年的内容之一，拜年除了大年初一拜村里本家本当的长辈和街坊四邻，还有一种拜年就是出正月门儿。即使是天天见的近亲好友，也要出正月门儿，乡人认为这是"礼道"，否则便是失礼。人们把出正月门儿看得非常重要，平时不走动可以说是忙，可以说各自为生计奔波，可是过年再说忙就说不过去了，而且，团圆欢聚原本就是春节的主题之一，多日不见的亲戚朋友难得有时间一聚，有的亲戚一年只见一次，就是在过年的时候，人们怎么能放过这样的机会。有了这个正月门儿，给人们提供了多种联络情感、沟通感情的机会。大家凑在一起畅叙别情，也交流各自的生活状况，即使是有过矛盾的人，只要正月里来出门儿了，就表示要主动和好了，即使是嘴上没有说出道歉的话，双方也心知肚明，新正大月的，谁也不愿意闹得脸红脖子粗，所以不用多说什么，拜个年问个好，矛盾也就自然化解了，从此冰释前嫌，又恢复正常交往。

出正月门儿其实相聚的时间很短暂，路近的茶余饭后还能打打牌聊聊天，路远的也就是吃顿饭的工夫，时间都走在路上了。可是无论路途多远，也不管天寒地冻或是风雪载途，老友亲朋还是要见上这一面。出门做客的人热盼盼，迎接待客的主家也热盼盼，这中间盼的就是一份热乎乎的情义。人与人之间，若没有了情义，生活也就没有了温度；人若没有了新朋故交，做人也是一种失败。所以在民间，谁家里来的客人越多，主人越有面子，证明人缘好，证明家里人丁旺盛，俗话说"门槛越踩越旺"，即是说家里来客人越多越有人气，如果没有人来"出门儿"，街坊邻居就会有一些微词。

出门儿走的亲戚朋友，有近亲，有远亲，还有干亲，无论世亲还是干亲，日子过的都是人，没有了人，就没有了人气，什么都将不存在，因而不能把日子过死了，民间评价不与人来往的人家就说他家是"屋顶上插棘针"，或者"屋顶上开门"，意思是这户人家人缘不好，薄情寡义。

近亲可能见面次数尚多，远亲基本上只有出正月门儿了，一年仅此一次，而一年间会发生什么事情谁也不知道，因而，出正月门儿也成了大家互报平安的一种方式。每年都见的亲戚，若是今年突然不来了，大家还会互相探问是怎么回事，是身体有恙还是因为有什么怪罪了。所以如果有特殊情况，是要提前打招呼或托了人捎信儿告知的，这叫话到礼到。民间习惯称亲友间的来往为"走动"，说的就是你来我这里，我去你那里。俗话说"亲戚是把锯，你不来我不去"，更是形象地说明了人与人之间的微妙关系，一门亲戚，如果一方几年不上门，或者一方主动来往，另一方不愿回应，那两家的关系必定就会淡而渐断，不再走动，所谓"三年不上门，是亲也不亲"。

出正月门儿的时间从初二就开始了，一般是将回娘家排在首位，之后就是看舅舅姑姑姨姨、看干爹干妈、看闺蜜同学同事……过去生活艰难，为主家着想，亲戚之间一般会协调好，大家结伴相约，集中一下，尽量在主家有主要客人的时候同来，这样主家好招待，也省些费用。一般来说，基本每家都成定制，在每年正月的某一天相聚。现在则无所谓了，吃喝不愁，只要有时间，随便哪天都可以。常常是今天一起到这家，明天一起到那家，热热闹闹，轮流到各家欢聚。

来的都是客，自然少不了款待一番，山东人好客，胶东人更甚，将一年积攒下来的好东西都用在了待客上，这也是过去好多孩子盼着出正月门儿的原因之一。家家户户年前都要准备很多食品，为的就是招待客人，春节前忙年忙的一切差不多都是为了接待正月里来出门儿的亲戚朋友，许多人家除夕那天自家都不舍得吃得好一点儿，这在当今生活富裕之后的孩子们那里是怎么都想不通的。

这正月门儿要一直出到初五初六，高潮才算过去，有的人家亲戚朋友多，也要一家家走到，走到最后就有些晚了，于是有俗语说："出门出到初八九，没有饽饽也没有酒。"即使没有了美食，亲友们也还是愿意来。说这话的人家心里常常是美滋滋的，有满满的喜悦，言外之意是自家客人多，人缘好。

中国年过的是祥和吉庆，所以这正月出门儿才会与平时格外不同，无论亲戚还是朋友，问声安好，再见又是一年。这一来一去中，中国人重亲情友情及过年的美好期盼与祝愿就都在其中了，希望"出正月门儿"这项重礼重情的传统习俗，能像冬日里的一束阳光，照亮一些现代人冷漠的心灵角落，也使中国年的味道更加醇厚浓郁。

春寒冻死拗

立春是二十四节气中的第一个节气。立春后，气温有时候会有短暂的回升，有的人就认为春天要来了，实际上，立春后气候更加多变，倒春寒让人格外受不了，有俗语说"春冻骨头秋冻肉"，就是说春天的寒冷能冻到人的骨头里，还有一句说得更严重的俗语是"春寒冻死拗"，许多人认为这句话是"春寒冻死牛"，那么，早春的严寒天气真的会冻死牛吗？

春天的确与牛有关。立春是一年中的第一个节气，民间的习惯叫法是"打春"，"打春"的前一天叫"迎春"。农为百业之本，春为一岁之首。所以，自古朝廷和民间都很重视农业，地方官每年举行一次迎春的仪式。立春的前一天，各地的官吏们都要沐浴，着素服，不坐轿子不骑马，步行到郊外，聚集乡民，设桌上供。焚香叩头之外，还要在供桌前摆一个用泥塑的土牛，牛旁站一个携带农具挥鞭的假人做"耕夫"，以示春令已到来，农事宜提前准备。立春日当天，官府要奉上供品于句芒神、土牛前，于正午时举行隆重的"打牛"仪式。吏民击鼓，官员执红绿鞭或柳枝鞭打土牛三下，让扮作句芒神的人举鞭打土牛，这土牛被称为"春牛"，"打春牛"象征着驱寒和春耕的开始，把土牛打得越碎越好，随后人们要抢土牛的土块，带回家放入牲口圈，象征兴旺。当天如天晴则预示着丰收，若遇雨则预示年景不佳。

打春牛仪式一结束，南方一些地方的春耕大忙就即将开始了。在我国这样一个有着"以农为本"的悠久传统的国家里，立春就成了节日，并且是官方的节日。古代迎春、打春的风俗，意义在于催耕助农，表示着自上而下对农业生产的关注，历朝历代都把促进农业生产放在很重要的位置，就如今天的中央一号文件都与农业有关一样。

立春节气与牛有关，但俗语"春寒冻死牛"，冻死的究竟是不是牛？牛在冬天都安然无恙，为何却在春天会

冻死？民间对这句"春寒冻死拗"其实还有一种解释，那就是冻死的并不是牛，而是特别拗的人，胶东地方说人的脾气性格固执倔强就称之为"拗"。有些性子很拗的人不信春寒，早早地就脱去棉衣，穿得太少，在料峭的倒春寒天气里真的会几欲冻死。当然，在这里，冻死只是夸张的说法，与我们因天冷而经常挂在嘴上说的"要冻死了"一样，极言冷的程度罢了。

立春节气一般在夏历的腊月底或正月初，公历的二月四日至六日。传统的算法，是大寒后十五天，北斗指东北角为立春。此时日行黄经 315°，气温开始上升，春季即由此开始。从前，人们认为从这时起阳气上升，用鸡毛来试验是否"地气上升"，即用一根木棍插入地下尺余，然后拔出，在插棍的圆孔上放一根鸡毛，立春时刻一到，鸡毛就会飞起来，以此证明地气萌动。从立春这天也开始放风筝，因为地气已通，风筝便会升上高空。天文学上，立春标志着冬季结束和春季开始，但实际上气温并没有马上回升，或者说只是短暂的回升，也就是说气象学上的春天还没有到来，但生活中确有一些人"爱俊儿""耍单儿"，早早地把棉衣脱了，老人们见了常会感叹："十层单赶不上一层棉。"

胶东地方还有俗语说"冷到寒食热到秋""清明断雪不断雪，谷雨断霜不断霜"，即指寒食、清明才是胶东一带冬去春来的标志，也就是说胶东一带到寒食、清明时，天气才会转暖，过去老人们过了寒食才让小孩儿脱棉裤，否则会寒了腿。这是因为胶东半岛一带春天风大，气温回升不如内陆快，和人们常说的"春捂秋冻"是一样的道理。而"过了寒食，还冷十日""打了春，别欢气，还有四十天的冷天气"的说法更为准确，也都是说此时乍暖还寒。更有甚者，有的老人"吃了六月六的包，才将棉袄扔个高"，这些无一不是人们生活经验的总结。所以，虽然立了春，也不能随意脱减衣物，免得像那个"拗"人那样，落得个被"冻"死的话柄。

辞了灶，年来到

民间传说，每年的腊月二十三，灶王爷都要上天向玉皇大帝禀报每家每户的功过善恶，让玉皇大帝赏罚。因此，小年祭灶是民间很重视的民俗事象。祭灶的历史很久远，典籍文献和诗词笔记中能找到文人对古时祭灶习俗的描写和记录，从民间流布的祭灶歌谣中也可知晓百姓的祭灶情状。

祭灶时，人们要在灶马前摆上一些供品。皇室和上层社会祭灶的供品可以很丰富，但到了普通百姓家里，主要就剩下了酒、糖瓜和面条等，酒是为了让灶王爷喝得高兴，有些晕头转向找不到北；糖瓜是为了让灶王爷甜甜嘴，不让他说坏话，也有说是灶王爷吃了糖瓜粘住了嘴巴，就说不出坏话了；面条是为了让灶王爷吃饱肚子。有的还会摆上清水、料豆、草料，给灶王爷喂马。"二十三，糖瓜儿粘""糖瓜祭灶，新年来到""灶王爷上天，尽说吉利话"等俗语说的都是祭灶习俗。

祭灶时要祷告，这些祷告在人们嘴里常常就成了朗朗上口的民间歌谣。"灶王爷，本姓张，骑着马，挎着枪，廿三晚上先吃糖，享罢美味饮酒浆，写了奏折上天堂，凌霄殿上见玉皇，好话多多说，坏事都瞒藏，等到年初一，早早回家堂，上天言好事，下界降吉祥"。青岛、莱州一带的这首歌谣，就把灶王爷的形象、祭灶供品、灶王爷上天的使命以及自家对灶王爷的希望歌咏得非常详尽。

寻常百姓家，有殷实富足之户，也有贫寒艰难之家，有的人家连饭都吃不饱，哪里有什么供品，可是灶王爷又不能不供，于是就有了这样的歌谣："灶王爷，本姓张，一年一碗烂面汤。""灶王爷，腿儿弯，提里克拉上西天，我见玉帝诉诉苦——吃了糖瓜扒杂面！"原来的面条都成了面汤，有的连面汤也没有："灶王爷，本姓张，一碗凉水三炷香。今年小子混得苦，明年再吃关东糖。"如此，在拜祭灶王爷时一并诉说自家日子的艰难，也是希望灶王爷来年保佑自己的一种诉求方式。

在民间信奉的神灵里面，灶王爷最是分身有术，他驻扎在每一户人家里，与每一户人家同住一个屋檐下，负责管理各家的灶火，作为一家的保护神而受到崇拜。可能因为朝夕相处，人们与他非常亲近，甚至可以开他的玩笑，有俗话说"肚子痛埋怨灶神"，是说有人做了错事不找自身的原因，总爱找一些不相干的借口。为什么埋怨灶神，因为闹肚子最常见的原因就是吃得不合适，既然灶王爷是管伙食的，肚子痛自然找不到别人了。

　　人们把自家的希望都寄托在灶王爷身上，把灶王爷当作自家人，拉家常一样地跟灶王爷念叨："一碗凉水两棵葱，送我灶爷上天宫。你爷对给他爷说，就说我家甚是穷。多带皇粮少带灾，再带财宝下界来。多带跑马射箭，少带穿针搭线。"这首歌谣里，甚至把自己希望生男孩儿、不要生女孩儿的心愿也对灶王爷讲。

　　这些祭灶歌都属于民间歌谣里的仪式歌，既有祈福免灾的仪式感，也是极好的民生写照。时代不同，祭灶的供品可以变，但人们求吉纳祥的心愿不会变。俗话说"辞了灶，年来到"。"小年"一过，"大年"就到眼前了，大年五更天，人们就会把灶王爷接回家，也接回他们期待的又一年岁月。

打懒老婆

　　陀螺是人们非常熟悉的一种玩具，打陀螺作为民间游艺，是过去主要在儿童间盛行的一种游戏。陀螺多用木头刻制而成，一头削成圆锥体，尖上钉一颗铁砂子，配上一条小鞭子，就可以玩了，玩时用绳子或布条均匀地缠绕住陀螺，然后猛地抽出，将陀螺抛掷在地面上，陀螺落地后因为惯性会嗡嗡地旋转不停，然后再不停地抽击陀螺，以其旋转时间的长短来决定胜负。

　　玩陀螺是男孩子最爱的游戏之一，能玩出不同的花样。陀螺做得好不好，决定了玩的水平如何，有的男孩子痴迷于此，会做大小不等好多个陀螺；玩的时候抽不同大小的陀螺用的劲道也不同，不同大小、不同材质的陀螺转起来发出的声响也不同，看着自己的陀螺胜过同伴，那是很威武得意的一件事情。玩陀螺尽量会选择场地宽敞且较为平滑的地方，如果场地不平会影响发挥，所以玩陀螺的最佳场所是在冰上，放了寒假，小河里结了冰，男孩子们就会乐此不疲地在一起玩陀螺。

叫陀螺是书面语，实际上，在民间，在不同的地域，对陀螺有不同的叫法。胶东有三种叫法：一是叫"髡（字不确定，方音读 kūn，即抽打的意思）皮猴子"，因为猴子顽皮，陀螺也是随着抽打的力度会到处跑，就如人们说猴子屁股尖坐不住一样，需时时管教；二是叫"打木牛"，因为牛耕田负重，常要用鞭子驱赶，而陀螺多是木质，故称"木牛"，这两种说法都极为形似逼真；还有一种称法叫"打懒老婆"，最具时代印记。旧时代，尤其在夫权社会背景下，丈夫打妻子曾经是合法合理的社会现象，在有些男人看来，打老婆是天经地义的，以至于有俗话说"三天不打，上房揭瓦""娶来的媳妇买来的马，任我骑来任我打"。这些俗语说明了过去夫妻间关系的不平等，也可见家庭中男女地位的差异。过去的女性不参与社会工作，在一些男人看来，家务活儿就该是女人干的，自己即便什么事情都没有也不干家务，妻子一时闲下来或做不好就会遭到拳打脚踢。这里的"懒"字尤其值得思考，懒的标准是什么全在丈夫，他说懒就是懒。因为陀螺的特点是不打不转，在这些打老婆的男人看来，女人不打就不会勤快，完全将女人当成了奴役的对象，以至于在名物指称上都有所体现，这"打懒老婆"的叫法实在令人愤慨。

一个民俗物件可以有几个名称，可见生活的不同角度都可成为民间语言的语源，胶东这三种对陀螺的叫法都有其特定的内涵，传神而到位。"打懒老婆"的叫法尤为引人深思，猴子和牛尚且打不得，更不用说老婆了，老婆是用来疼爱的，怎么可以打，怎么舍得打。而且，无论怎样，打人都是不可以的，在如今的法制社会，家暴更是犯法的。

陀螺还在转，但这几种叫法已逐渐被人们淡忘。现在玩陀螺的男孩子少了，主要是成年男子玩得多。清晨的城市广场上，常见有人在玩一种特制的大型陀螺，用很粗重的铁鞭子打，铁鞭子甩得啪啪生风，陀螺转得呜呜作响，隔很远都听得到，这种打陀螺已不再是儿童游戏，而主要成了一种健身方式。

灯　官

　　若有的人善夸海口却做不成事情，或有的人没有什么真本事还愣要充大个，对这样的人，胶东人就会说他："你真是个灯官。"甚至直接称其为"你就是个灯"，说"你就和个灯儿一样"，说人是"灯官""灯"，有贬低人的意思，表示看不起该人甚或有辱骂对方的意思。

　　这个灯官是什么？就是报灯名的官。农历正月十五又叫灯节，主要的活动就是观花灯，花灯有多种，皆有名，报灯名者即为灯官。京剧《打龙袍》里就有"报灯名"的灯官，穿官服，鼻梁上抹白，是京剧行当里文丑的形象。

　　烟台海阳行村镇庶村正月十五晚上有"跑灯官"习俗，也叫"报花灯"，与海阳大秧歌相结合，模拟知县巡察民情的场景，全村巡行一遍，走在队伍最前面的是锣鼓队，之后是秧歌队，再后面是衙役，手举"回避""肃静"的牌子，中间是京剧里文丑扮相的地方官，也就是报灯名的灯官，再后面是骑马的知县和知县夫人，整个队伍有上百人，加上围观的村民，满街都是人，大家簇拥着队伍行进。每走到挂灯的人家门口，知县便要灯官报灯名来听。

张挂彩灯的人家门前早已摆好鞭炮，主人等候在门前，队伍还没到门口，就开始燃放鞭炮和礼花迎接，燃放完毕，知县喊："传地方！"衙役应声："哦——"地方官应答："到！"知县问："这是盏什么灯？"灯官便根据彩灯的造型和这户人家的情况来报灯名，说一段吉祥的念白，或者是传统戏台上的报灯名："这是盏一团和气灯，和合二圣灯，三阳开泰灯，四季平安灯，五子夺魁灯，六国封相灯，七星高照灯，八仙过海灯，九子十成灯，十面埋伏灯！"或者是即兴编说："大人在上仔细听，细听在下报灯名。这盏灯真是强，年年有余最吉祥。风调雨顺收成高，生意兴隆达三江。"每次报完，知县便说一句："这真是一盏好灯。"众衙役附和道："好灯！"所有在场的人也不由会随声高喊一声："好！"之后队伍继续前行，到达下一家。一样的程序重复走下去，变化的只是灯官的报灯名内容，或祝生意兴隆、五谷丰登，或祝家庭幸福、事业有成，或祝子女学业有成、前程锦绣。

灯官是元宵节夜晚的主角，他带领人们跑遍了整个村子。这个官有名无实，无权也无势，因此，说是官却不是官，也没人把他当官，甚至由于当了这个官而成为人们嘲讽他的由头，正因为这个灯官没有级别，也管不了事，所以生活中人们称没有能力或作为的人为"灯官"。可是在这个晚上，他就是"官"，虽然他只有这一个晚上"做官"的权限，却实实行使了一把自己的"权力"，那就是为地方官报灯名，给人们送去了欢乐，也借他的口表达对普通百姓人家的祝福。仅凭熟悉所有人家情况这一条，他就是个让人尊敬的"好官"。

民生疾苦实是要走到民间才能体察到的，无论什么时代，希望官员们也要少些形式主义，不能像知县大人骑在马上走一趟那样只是露露脸，做做面子工程。若真的像灯官一样熟悉每家每户老百姓的情况，何尝不是个好官。

灯影里看媳妇儿

爱看热闹也许是人的一种天性，国人更是格外爱看热闹，无关事情大小，无关事件本身的性质，有热闹便看。娶妻嫁女是人间大喜事，可以有鼓乐有婚礼仪式可观，有新人新嫁妆可赏，确实是乡村的盛事之一，自然少不了看热闹的人，这就诞生了一项习俗"望媳妇"，就是有几个时间点可以"围观"新媳妇。

结婚当天看媳妇自不必说，过年在拜年之余的闲暇时间也要看媳妇；白天没看到的，还可以晚上看；不光看自己村里的新媳妇，外村来走亲戚的也要看。胶东地方的元宵节有一个习俗，新媳妇不能见自家的灯光，要到亲戚家去"躲灯"，于是，大家也可以去看这"外来"的新媳妇。

话说晚上看媳妇，肯定不会像白天看那样真切。过去点蜡烛或油灯，光线暗，若不凑到近前看，脸上的雀斑或麻子之类的小缺陷和小瑕疵就会看不清。看新媳妇又不可能近看，只能远望，这就有了一种朦胧美，加上人们的臆想，就常常会形成错觉。如此，人们眼里看到的着红袄红裤的新媳妇，自然会多了几分美。因此，日后再看到某位新媳妇，常会有人心生疑惑，说那天看到的新媳妇长得不是这样的，那天看着真好看之类的话，总之觉得不如那晚看到的美，于是便有了这句"灯影里看媳妇儿"的俗语。这话用到生活中，就成为不真实或不切实际的另一种说法，如果你的感觉或表述与事实或真相不符，人们就会说你那是"灯影里看媳妇儿"。这句话也常说成"灯影窠儿里看媳妇儿""月门窠儿里（月亮地儿里）看媳妇儿"。有的人还会加上半句解释："灯影里看媳妇儿，越看越喜欢""灯影里看媳妇儿，越看越俊"等。

这"灯影里看媳妇儿"与现在形容网恋的新词儿"见光死"有点儿像，一些在网络虚拟世界中看起来美好无比的人和事，一旦落地，真实地出现在人们面前，就变得千疮百孔，美感全无。这"见光死"与"灯影里看媳妇儿"一样，都是因为被观察者前后的落差太大，打破了观察者的期待视野，从而在其心理上形成了一种落寞的感觉。

由这"灯影里看媳妇儿"和"见光死"，很容易想到另一个惯用语"灯下黑"。过去，人们多用碗、碟、盏等器皿做灯具，注入动、植物油，插一根灯芯，点了来照明。蜡烛或油灯下面往往又有蜡台（蜡烛座儿）或灯座儿，灯光是照不到那里的，所以就叫灯下黑。生活中，人们对在自己身边很近的人和事也常常会看不见或不察觉，形成一些盲区或死角，而这些盲区或死角才是最容易出问题的，因而更需提高警惕，以防危险就隐藏在身边。

灯影儿里的媳妇为什么美，是因为新媳妇被看的人放在了一个虚幻的世界里，理想与现实的差距有时候很大，人和事还是要放到真实环境里去观照，否则，就会像"见光死"一样，美感不存，不堪一击。"灯下黑"是因为光被灯具自身遮挡，在灯下产生了一个阴暗区域。那么只需多加几道侧光源，一切就都暴露无遗，纤毫毕现。

新媳妇不能一直待在夜晚灯下的暗影里，世间万物也还得放到太阳光下才见分晓，一切还是真实清楚的好！

丁香海棠不同插一个花瓶

丁香花和海棠花的花期相同。谷雨前后，是丁香花和海棠花开得正盛的时候，但胶东民间却流传着丁香和海棠不能同插一个花瓶的说法，并与灶王爷的一个传说有关。

关于灶王爷的传说各地都有流传，虽异文很多，但基本情节雷同。在胶东，流传的版本大致是，说一个姓张的富家子弟，人称张郎，他本已娶贤惠的郭丁香为妻，却喜新厌旧，喜欢上了烟花女子李海棠，便借故休丁香娶海棠。于是人们就编了一首歌谣："张郎张郎，心地不良，前门休了丁香，后门娶进海棠。无义之人，好景难长。"果然，那李海棠好吃懒做，只知挥霍。后张郎家中遭遇火灾，家产尽毁，眼被熏瞎。双目失明的他流浪街头，以乞讨为生，海棠见张郎已穷，便弃他而去。有一天，张郎乞讨到郭丁香家，丁香悯怜他，没有责怪他，为他做了一碗香喷喷的面条。张郎发觉后，自觉羞惭，一头碰死在灶前。玉皇大帝念其有知耻之心，封他为灶王，令其主饮食之事，后为督察人间善恶的司命之神，称其为"东厨司命"。

灶神家家都有，尽管这灶神不大，管的事却不小，民间俗信说它主管一家之丰歉、祸福、穷达、人丁兴旺，因而奉之为"一家之主"。农历腊月二十三小年这天，家家户户都要"送灶

王爷上西天",俗称"祭灶""辞灶"。人们从灶后的墙上,将那张布满油灰的旧灶马揭下烧掉,大年三十再将"请"来的新灶马贴在原来的地方。有的人家还在灶马的两旁贴上一副"上天言好事,下界降吉祥"的对联,另加一个"一家之主"的横批。民间的灶马画面不一,有印灶王爷一人的,有印一男一女的,人们说那就是张郎和丁香,还有的灶马上印有一男二女,人们便说张郎左边是丁香,右边是海棠。

民间一般把灶马贴在东锅台的上方,祭灶时一般也要供一碗面条和几个糖瓜,为的是让灶王爷吃饱肚子嘴甜甜的,上天多为自家说好话,但由于过去日子艰难,更多的人家也就是一碗素面汤或杂面汤,所以便有了"灶王老爷本姓张,一年一碗烂面汤"的说法。祭灶习俗体现了饮食之于人的重要,尤其在不能果腹的年代,吃饱喝足即为头等大事,有俗语说:"灶口似窑门,喉咙似海深。"所以传说中的灶王爷虽说是个并不光彩的角色,但因为他掌管着每家每户一家老小能不能吃饱肚子,于是人们便对他平添了几分敬畏。

传说虽为虚构,但故事情节颇为有趣,不只介绍了辞灶的来历,还投射了现实,将生活中始乱终弃的现象填充其中,由此表达出的主旨和情感便令人深思。至于丁香花和海棠花不能同插一个花瓶,实则是因为花卉间的天性相克所致,海棠虽娇艳却无香,而丁香含有大量的芳香物质,两者同插一瓶会有影响。人们将此附会在传说中,就体现了民众的朴素情感和道德观,也达到了利用传说教育警示世人的目的。

冬至大如年

冬至是二十四节气中最早制定出的一个节气，早在春秋时代，我国已用土圭观测太阳测定出了冬至。殷周时期，规定冬至前一天为岁终之日，冬至节相当于春节。后来实施夏历，但冬至一直排在二十四个节气的首位。所以在古代，冬至也是一个传统节日。

古时候对冬至节十分重视，把冬至作为节日来过则源于汉代。最初过冬至节是为了庆祝新的一年到来。《孝经说》认为，冬至之"至"有"三义"："一者，阴极之至；二者，阳气始至；三者，日行南至。故谓之至。"冬至前一天叫作小至或小冬，冬至叫作长至或大冬，俗称"冬节"，冬至后一天叫作至后。《汉书》中说："冬至阳气起，君道长，故贺。"人们认为，过了冬至，白昼一天比一天长，阳气回升，是一个节气循环的开始，是个吉日，应该庆贺，即为"贺冬"，因此自汉代以来都举行庆贺仪式，节日三天，百官朝贺，君不听政，民间三日歇市，学生放假。民间常说的"冬至大如年"出自《清嘉录》，所以旧时又称冬至为亚岁、小年，同春节差不多，也是团圆节，只是没有拜年这一条，读书人也相互赠送贺片，山东地方普遍有学生拜老师和晚辈拜长辈的习俗。

冬至还是祭天祀祖的日子，《周礼春官·神仕》载："以冬日至，致天神人鬼。"目的在于祈求与消除疫疾、减少荒年与人民的饥饿与死亡。皇帝在这天要到郊外举行祭天大典，谓之"冬至郊天"。百姓在这一天要向父母尊长贺拜，并有祭祖的习俗。民间还根据冬至日期在当月的月初、中旬或下旬来预测当年冬天的寒暖，如"头九有雪，九九不缺"。又有民谣说："冬（冬即指冬至）在头冻死牛，冬在中暖烘烘，冬在尾冻死鬼。"

冬至后就进了"九"，天气到了极寒时期，亲朋之间互相赠送御寒用具。所有的农作停止，漫长的冬季里，除了用九九消寒图"数九"，人们还寻找生活中其他的诗意和雅趣。如福山地方，在冬至前两三天，就有人上山捉此时仍存活的蝈蝈，自己玩或卖给公子少爷们，把蝈蝈装在葫芦做的蝈蝈笼里，放在腋窝儿下暖着，大冬天里，蝈蝈就在怀里叫，秋虫儿成了冬虫儿。冬天玩蝈蝈成为时尚之举，一些富家子弟和好玩者争先恐后，竞相效仿。乡间的人们则会将萝卜头挖空，放上蒜瓣，挂在前窗上，不几天就会长出蒜苗，既给严寒的冬天带来了生机，也可作小盆景观赏，过年时还能吃上新鲜的蒜苗。女孩子到了冬至后都在家学做女红，所以有俗话说"冬里女孩有三难，绣花剪纸学做饭"；男孩子则玩"拿寨""打瓦"等游戏；有的少年开始学武术，叫作"看冬"。

饮食上，《燕京岁时记》载："冬至馄饨夏至面。"北方大多数地区这天要吃馄饨或者水饺。因为家人团聚，有的人家还要设宴喝酒，胶东一带主要是吃饺子。吃饺子习俗据说源于医圣张仲景，他见到冬天好多穷人的耳朵冻坏了，就施舍"祛寒娇耳汤"给人治冻伤。把羊肉、辣椒和一些祛寒温热的药材放在锅里煮熟，捞出来切碎做馅料，用面皮包成耳朵的样子，再下锅，用原汤煮熟。面皮包好后的样子像耳朵，其功效又是为了防止耳朵冻伤，所以取名"祛寒娇耳汤"。传说中，张仲景后来也是在冬至日去世的。因而，后来每到冬至日，人们都包"娇耳"来纪念他。"娇耳"谐音"饺儿"，慢慢变为饺子，因而民间流传"吃了冬至饺，不冻耳朵"的说法，所谓"冬至不端饺子碗，冻掉耳朵没人管"。传说是冬日难熬的生活写照，却很暖心，表现了人们对那些能为他们解除疾苦的名医的敬重和爱戴，表达的则是平安健康的祈愿。

从冬至开始，白昼渐长，民间以中午门前的日影为测标，因而有俗语说"过了冬，一天长一葱"。汉唐以来，冬至后，宫

女的女红每天要多用一根线，所谓"吃了冬至饭，一天长一线"。冬至因为标志了重大的气候节令变化，为人们格外所关注，成为大的节气和节日，而集庆贺、祈福与祭祀为一体，也是我国传统节日文化的共同特点。

豆腐掉到灰里

豆腐价廉物美有营养，与普通百姓饮食生活关系密切。过去，没有条件吃肉的普通人家能吃上嫩滑肥美的豆腐已算幸事，吃豆腐成了下层民众社会身份的标志，是典型的市井食品。在乡间，平日吃回豆腐都算改善生活，到了年关，家家户户要是能做上一包豆腐，心里就觉得这个年有底了，加上豆腐的"腐"与"福"谐音，是大家喜欢的好口彩，就尤为人们所青睐。

鲜豆腐水分大，糯软易碎，沾染上灰尘不好清洗，所以民间有歇后语说："豆腐掉到灰里——吹不得打不得"。可是栖霞北部地方却有一道非常有名的地方特色小吃——灰豆腐，每到秋冬季节，特别是到了春节，灰豆腐成为当地家家户户必备的一道菜。制作灰豆腐需用洁净的草木灰，以荆条、豆秸、松柴或柞木烧出的灰为最佳。将鲜豆腐切成2—3厘米厚、长宽各10厘米左右的方块。先在盆子里放上一层豆腐，再在豆腐上撒一层草木灰，每隔两天将豆腐取出重新换一次灰，换个三四次就可以了。最后取出灰好的豆腐用清水反复洗净表面的灰，沥干表面水分即可食用，这样做出的灰豆腐不但劲道，而且口味好。新鲜豆腐不易储存，在冬季也只能放置2—3天，这样使用草木灰吸收掉鲜豆腐的水分，就使豆腐既有了特殊的味道又延长了保质期。

民间有的是智慧和丰富的生活常识，用草木灰做灰豆腐即可见一斑。草木灰为植物燃烧后的灰烬，含有所燃植物的矿物质元素，不仅可以做肥料，还具有药用价值，有散寒消肿、消症破积的功效；草木灰还是农村广泛使用的消毒剂原料，具有很强的杀菌作用，效果与常用的强效消毒药烧碱相似。在乡村，碰到有谁不小心割破了手，来不及找医生处理，人们常常是第一时间抓一把草木灰掩在伤口上，用来消毒止血。

如今，栖霞的灰豆腐制作技艺已经列入非物质文化遗产名录，至于"豆腐掉到灰里——吹不得打不得"的双关义，一是指的实情，掉进灰堆里的豆腐沾上了灰，确实是吹不掉，打又怕打碎了。二是用在待人接物方面，常用来比喻事情不好办，左右为难；用在对人上，若遇上某人软硬不吃，比较难缠，令人不知道如何对待，就会用到这句话，表示很无奈；而对待自己小心呵护的人也可说这句话，譬如说孩子，这时候则表示一种怜爱。

既然灰豆腐能解决豆腐掉到灰里吹不得打不得的问题，再遇到豆腐掉到灰里的情况，是否就可以直接吃它的灰豆腐；遇到难缠的人，也可以让他到"灰"里打个滚，认识一下自己的问题，像去掉豆腐的水分一样去掉他自身的毛病；而对于你觉得吹不得打不得的孩子，更应该奖惩分明，让他既能经得住表扬也能听得进批评。

多年的媳妇熬成婆

"多年的大路变成河，多年的媳妇熬成婆"，是说女人从做媳妇到做婆婆的过程之长，一个"熬"字表现出做媳妇的艰难，因艰难方觉时日漫长。这句俗语还被说成是"多年的小渠流成河，多年的媳妇熬成婆"。无论是"多年的小渠"，还是"多年的大路"，说的都是角色转换之后的定位问题。作为起兴，都表达出一种沧桑巨变，做了婆婆的那种翻身解放、扬眉吐气的情态毕现。

旧时代，媳妇在夫家家务活儿全干不说，还要伺候公婆，而婆婆则可以安心享受，并任意役使媳妇，可以说，做婆婆就是媳妇的出头之日。按道理讲，做了婆婆的媳妇，自己也打那个时候过来，知道做媳妇的艰难，不应该再为难媳妇，可是生活中偏偏不是这样的。等到当年的媳妇成了婆婆之后，却似乎忘记了当年是如何受婆婆的气了，忘记了做媳妇的遭遇，抑或是想把自己受气的委屈转嫁一下，再让自己的媳妇受受气，抑或认为婆媳关系就该如此，婆婆就该使唤媳妇，婆婆怎样对我，我就怎样对媳妇，一辈辈就是这样过来的，所以一代代的婆媳关系就这样更替循环下去。

这种关系要从古代说起，封建时代男尊女卑的思想严重，族权和夫权压得女人喘不过气来。"娶来的媳妇拉来的马，凭我骑来凭我打""三天不打，上房揭瓦""打倒的媳妇揉倒的面""生是婆家人，死是婆家鬼"，仅从这些俗语中都可见女子在家庭中的地位和遭遇。媳妇不合意，一纸休书就会被退回娘家，甚至被虐待至死，造成人间悲剧。久之，婆媳关系就成为生活中避不开的一对矛盾，也是文学中一个古老的话题，无论是民间文学还是作家文学，都避不开这对矛盾，因为生活原本如此。从西南的青姑娘传说到江南的丁姑传说，从山东的颜神传说到山西的水母娘娘传说；从《孔雀东南飞》中的刘兰芝，到《原野》的花金子，到《寒夜》中的曾树生……可见，婆婆为难媳妇虐待媳妇并不是个案，而是曾经普遍的家庭状态。

现在六七十岁的婆婆们，有的当年也受过自己婆婆的气，而今终成"正果"，岂料赶上如今的时代，不但不能像自己的婆婆对待自己那样颐指气使，反过来还要受媳妇的气，有的人心理甚至会有些不平衡。其实，无论哪个时代，关键还是观念的问题，不合理的再传统也要摒弃，婆婆们不想自己，单想想自己的女儿，如果到了夫家受到虐待，自己又会于心何忍，将心比心，方能摆正心态，让婆媳关系正常而健康。

"多年的大路变成河，多年的媳妇熬成婆"，前后两句也可以拆开单用，表达的意思相同。人们有时候也用这句俗语来说单位里上下级的关系，在上司面前，有些人原来如同低眉顺眼、唯唯诺诺的小媳妇，一旦升了职，地位变了，就会对原来跟他一样的员工发号施令。所谓万物同理，这种转变，可真同过去的"媳妇熬成婆"有些相像了。

二月二，龙抬头

农历二月初二，俗谓龙抬头，被称为青龙节或春龙节、龙头节，胶东一带多称为二月二。从节令上说，此时正值惊蛰前后，春回大地，万物复苏，传说中的龙也从沉睡中醒来，所以每到二月二，人们就会念叨这句话："二月二，龙抬头。"

说"二月二，龙抬头"，首先是与我国的农耕传统密切相关。中国民间传说中，龙管治水，能够行云布雨，而水与农事密切相关，雨水少了旱，雨水多了涝，最好是雨水合适，才能旱涝保丰收。

二月二与农事相关的习俗主要有引龙和打灰囤等。引龙是用草木灰从村里的井边或门外一直引到自家水缸前；打灰囤，也叫"填仓"，即农家早起掏出锅底的灰在门口"打灰囤"，用草灰画成各种粮囤的形状，并在囤的外面画上梯子的形状，意思是粮囤又高又满，需要踩着梯子才能取粮，以求这一年五谷丰登。有谣曰："二月二，龙抬头，大囤满，小囤流。"并根据天气来预卜收成，当日天晴无风叫"收囤"。胶东还有地方在打囤前不开鸡窝，在"囤"中间放点儿玉米等粮食，用瓦片扣一扣，等太阳升起来后，再将鸡鸭等家禽放出来，根据家禽啄食的情况预卜某种粮食的收成。

其次，"二月二，龙抬头"还与驱害辟邪有关。因为二月二的节期在惊蛰前后，此后，春雷响动，冬眠蛰居的动物开始活动，一些毒虫害虫也开始萌动，所以民间又有在这一天驱虫辟邪的习俗。

与驱虫辟害相关的习俗主要有熏虫、炒豆、击梁辟鼠等。清晨起来，用燃着的香在墙缝处等犄角旯旮容易滋生虫鼠的地方逐一晃照一遍，此为熏虫；或敲打房梁，震动墙壁梁架等处的鼠虫等，以求一年不受其扰；晚上燃放鞭炮。炒豆一般多炒黄豆，叫"糖豆儿""燎豆儿"或"咬虫儿"；或用面粉做成面蛋儿，形状非常像炒豆，也叫炒"面棋""蜜豆"，最形象的叫法是"炒蝎子爪儿"，据说吃了炒豆，一年不被蝎子蜇。

驱虫避害为的是安康幸福，与祈福求祥有关的习俗主要有理发、戴龙尾、铰龙尾等。旧时小孩子这天入学，谓之"占鳌头"，以图吉利。许多人喜欢在二月二这天理发，取"龙抬头"之意。旧时有"正月不剃头，剃头死舅舅"的说法，有一定的历史原因，现在仍流行此风俗，主要是表达人们希望自己精神焕发，一切顺利，尤其是属龙和属蛇的人，更是要讨这个好彩头。

龙是一种人们虚构出来的祥瑞之物，但蛇是具体可见的，民间习惯称龙为大龙，称蛇为小龙，既然都是龙，无论大小，今日都要抬头，于是，蛇的形象自然就出现在了二月二这个节日里。人们用白面或豆面做成或爬或盘的蛇形面塑，谓"剩虫"，放在粮囤和面缸里，希望米面用之不尽；剪蛇形剪纸贴在窗上，谓之"钱龙"。与蛇一样有冬眠特征的动物还有蟾蜍，蟾蜍有吃虫的本性，于是人们剪蟾蜍贴在灶后墙上，让其"吃虫"，可谓以毒攻毒。

为人父母，每个家庭最大的希望是孩子健康平安有出息。二月二的头几天，妇女们就开始给小孩子"串龙尾"。即头部缀以白果，中间用2—3厘米的小圆形或方形布片串成串儿，每块布中间以一段蒜秸相隔，最下端缝上几条长布条儿当尾巴，缝挂在小孩的帽子或衣服上，龙尾随孩子身体的活动而摆动，很是活灵活现，称"戴小龙尾"，希望孩子有精神头儿，能平安健康成长。有的人家还将彩纸铰成类似龙皮状，叫"铰龙尾"，挂在各间屋子的空中。有的地方还有舞龙灯等娱乐活动，以应节序。

民间认为龙既吉祥又威严，具有某种神力，所以二月二的节俗无不与龙有关，一是顺应节气，以事农耕；二是表达趋吉辟邪的祈愿。一年之计在于春，无论何种习俗形式，都表达了百姓对土地、对平安的希望，希望在一年农时之初，借"龙"这一古老的中华图腾形式为人们带来风调雨顺，带来丰收富裕和吉祥安康。

二月清明花在前

春天给大自然带来了万千生机，也给人们带来了新的希望。漫长的冬天过去，人们格外盼望春天的到来，可是胶东的春天却似乎总是姗姗来迟，有时候刚觉得温度上来了，可第二天又变了天，拉锯般地冷暖交替，反复无常，甚至还会有霜雪天气，因而有俗语说"清明断雪不断雪，谷雨断霜不断霜"，气象用语说是"倒春寒"，民间则有更形象的说法是"春脖子长"。

盼春春不归的时候，人们就会说，这天什么时候才能暖和啊！老人们听了，看一眼杏树枝头紧闭小嘴儿的花骨朵，会说一句："二月清明花在前，三月清明花在后。"意思是如果清明在农历的二月份，杏花就开得早，在清明之前开；如果清明在农历的三月份，杏花就会开得晚，在清明之后开。人们大多只知道杏花在清明时节开，而有经验的乡人却能根据节气的早晚观察总结出准确的花开时分。仔细留意下胶东地方的杏花开花时间，果真如谚语所说，当然不排除一些小地形小气候形成的特殊现象。与这句俗语同样意思的还有"三月清明花不开，二月清明花满街""二月寒食花在前，三月清明花不开"等说法。

清明是乡祭扫墓怀亲的节日，又是二十四节气之一，是中国传统节日中唯一一个同节气合一的节日，也就是说，清明最初的时候只是一个节气，所以清明节首先是跟农耕关系密切。"清明"一词的含义是气清景明，此时气温升高，雨量增多，是开始春耕春种的时候了，因而有"清明前后，点瓜种豆""清明耕一半，谷雨种一半"的农谚。胶东农村还说这天是"驴生日"，用高粱米粥、小米饭、豆饼或干饭喂马、牛、骡、驴等大牲畜，并有俗语说"打一千骂一万，忘不了清明吃干饭"，就是因为春播春种即将开始，正是这些大牲畜们要出力的时候了，给它们一点儿犒赏。

清明正处在季节交替之时，所以也形成了许多地域性强的气候谚语。"大雁不过九月九，小燕不过三月三"，是指这两种候鸟的习性，也是胶东一带秋去和春来的标志。"冷到寒食热到秋"，是指胶东一带到寒食、清明天气才会转暖，因为胶东半岛春天风大，气温回升不如内陆快，胶东一带过去有到了清明才让小孩子脱棉裤的习俗，说否则会寒了腿，很有一定的道理。

这个时节，有些年轻人一见天气转暖，常会迫不及待地换上俏丽轻薄的春装，老人们则往往还是冬装在身，人们说"春冻骨头秋冻肉"，意思是春天的寒气是一种刺骨的冷，让人受不住，也便有了"春捂秋冻"的说法，而"过了寒食，还冷十日""打了春，别欢气，还有四十天的冷天气"的说法更具体准确，说的也都是此时乍暖还寒，仍要注意保暖。

二十四节气何其准确，气象与物候何其准确，人们经验的总结何其准确，民间的智慧令人叹服！

父子不同席

胶东人热情好客，家里来客如同过节，必好酒好菜，倾其所有，甚至出去借来食材招待客人，唯恐招待不周怠慢了客人。有亲戚朋友到来或婚丧嫁娶等仪礼都会摆宴席招待客人，摆酒宴需有位次，所以席位的安排马虎不得。

胶东酒宴排位次的规矩，一般是朋亲为大。虽说"朋亲不挑席"，但远来为客，喜主的朋友，要安排到好的席位；干亲，即孩子的干爹干妈，也是主客；世亲中，依次是舅舅、姑父、姨父；直系亲属则按辈分排序。但婚宴中，无论送亲客的辈分或年龄大小，即使是个孩童，也要把"送亲大客"安排在最显要的席位上。如果"送亲大客"是两辈人，必须安排在第一、第二桌上，其中长者在第一桌；如果是同辈人，可以安排在第一桌大客、二客的位置上。其他客人的位置也要安排好，否则的话，会令客人十分扫兴，甚至会结下冤仇，因此事拂袖而去的事情也不是没有。

在这些规矩里，有一条是"父子不同席"，现在一般理解为父子俩不能安排在一张酒席桌上。这话出自《礼记·曲礼》："姑、姊妹、女子子已嫁而反，兄弟弗与同席而坐，弗与同器而食。父子不同席。"意思是说姑姑、姐妹、女儿已经出嫁而又回到家里来的，兄弟们不与她们同席而坐，也不与她们共用餐具。父子不同席而坐。古时候人们用餐时席地而坐，叫坐席，席别称筵，又有"筵席"之称。一般认为，从魏晋时期才出现了高桌子矮板凳，我们今天待客礼仪中所说的"坐席""筵席"是沿用了古人席地就餐的说法。因此，此"席"非彼"席"，古时的"父子不同席"，指的是日常在家里，父子也不能坐在一起吃饭。

"父子不同席"也作"父子不并肩"，即父子不能平起平坐，这源于儒家的伦理文化。"父为子纲"

为三纲五常之一，要求子女对父母要绝对地尊敬孝顺，也就是说子女对父母只有绝对地服从，父子之间是领导与服从的关系，父亲在家中有绝对的权威，父亲的话在家中就是"圣旨"，不得违拗。日常具体行为也有规定，父亲在旁，若父亲不坐，孩子不能坐，要垂手侍立，不得随便插嘴、心不在焉等。甚至父母有过错，做子女的也不能强辩，要委婉地说明原因，否则就是忤逆，是大不敬，是大逆不道。凡此种种，更别说是坐在一起吃饭了。而封建礼教状态下的这种父子关系，也确实会带来一些拘谨和不自然，若儿子真与父亲同坐一席，只怕是再好的美食也味同嚼蜡了。

"规矩是死的，人是活的"，"父子不同席"，但"爷孙可同席"，体现的是含饴弄孙的"隔代亲"现象，过去还有"女人不上桌""男女不同席"等习俗。现在，这些陈规旧俗已被打破，只有"父子不同席"及与之相关的"甥舅不同席""叔侄不同席"被保留了下来。"父子不同席"成为一个不成文的规定，民间宴饮父子同时参加时，一般情况不安排在一个桌上。只是现实的情况却是年轻人不愿意与老人在一起，因为话说不到一起去，没有共同的话题，即所谓的代沟。

如今的正式宴席虽说还是"父子不同席"，但在日常生活中，一家人围坐在一起吃饭，正是其乐融融享受天伦之乐的美好时刻。家宴上，如果谁家的父子不在一起吃饭，反而有些不正常，与古代的习俗正好相反。

轧五丝

过端午节的本义是驱毒辟邪，祈求安康。孩子柔弱，抵抗力差，易生病，因而祈福孩子健康平安是端午节俗一个主要的内容。端午节，人们会给孩子戴绣有剪五毒图案的肚兜，佩戴香包等一些厌胜的佩饰，最常见的是在孩子的手腕和脚腕上系五色的丝线，俗信认为，孩子戴五色线可以避开蛇蝎类毒虫的伤害，这五色线待端午后下第一场雨时，抛到水里随水流去，意味着让水将瘟疫、疾病冲走，由此可以保孩子安康。

东汉应劭《风俗通·佚文》曰："午日，以五彩丝系臂，避鬼及兵，令人不病瘟，一名长命缕，一名辟兵绍。"因而这五彩丝又有长命缕、续命缕、辟兵绍、五色缕、朱索等名字。胶东方言中将几股线合在一起称为"轧"，将五种颜色的线合在一起，即称"轧（方音读 gǎ）五丝"。名称虽不一，但形制、功用大致相同，即在端午节把五彩丝线系在门窗上，或系在儿童脖子、手腕上，或系挂在床帐、摇篮等处，以避灾除病，保佑安康。胶东民间普遍都有端午节给孩子"轧五丝"的习俗，栖霞一带还在门窗上系五彩线；福山一带对于很小的孩子，还会在五彩线上串上猪惊骨，即猪耳内的听骨，民间俗称"惊儿"，用来给婴幼儿压惊、辟邪。民间除了将五彩丝线合成绳，还用彩色丝线或粽麻等材质制成很小的小笤帚、小炊帚等变体，精致可爱，堪称艺术品，将其系挂在儿童身上，也意在扫去病灾。

端午为何用五彩线来辟邪，一是应"五"这个数字，端午因两五相重，亦称"重五""端五"等，"五"自然最为应节，但更主要是因为"五色"的特殊含义。"五色"，即青红黄白黑五种颜色，被称为五大正色，民俗含义极为丰富，使用广泛。从阴阳五行上说，五色分别代表木、火、土、金、水。道家认为，金、木、水、火、土五种物质是组成世界万物的基本要素，万物皆由五行相生相克而成，一切皆在五行之中。由天干与五行的关系，五色又分别代表东（青）、南（红）、中（黄）、西（白）、北（黑）五方，并与我国的地理特点相吻合，青红白黑还对应了四季，其他还有"五色"与传说中的五帝、五神兽有关等说法，也是从"五方"延伸而来。

人们自古就崇拜五色，以五色为吉祥之色。上古神话中女娲炼五色石以补天，黄帝因有五色云气而战胜蚩尤，明清帝王在代表国家的社稷坛中奉祀五色土，民间在端午及其他民俗事象中用五色祈安康。从神话到现实，从皇家到民间，五色被广泛用来表达国运昌盛、阖家安康的祈愿。

"轧五丝"也叫"戴缕（方音读 lǚ）索"，胶东方音中"缕"和"禄"音近音同，"缕索"听来就是"禄寿"，孩子若长命百岁又有出息，岂不正与人们的祈愿相合。一段五彩丝线的寄托如此之重，民间俗信的力量何其强大！

赶了流水客

胶东是鲁菜发源地之一，宴席讲究，席制上有四一六席、四二八席、四四席、四六席、十大碗席等种种名目。过去，还有一种席制，一拨人吃完，另一拨人再来，如此轮流坐席，形如流水，因名"流水席"。

流水席不是任何时候都有，有大事才会办流水席。婚丧嫁娶是人生的大事，嫁娶是喜庆事，张灯结彩，喜服为红色，人们称红事；丧葬尚白，披麻戴孝皆着素服，孝服为白色，人们称白事。逢红白喜事，可是说是一场社会关系的大检阅，来的客人多，帮忙的人也多，尤其是丧事，可谓一家有事，全村帮忙。为什么办流水席，一是因为大家要各司其职，顾不得安排席位，忙完了或赶空就来吃一点儿，吃完又去忙；二是因为大家心情沉重，也无心正儿八经地坐下吃喝；三则主要是因为人太多，加上地方和餐具所限，就采取了这种轮流吃饭的形式。

流水席也不是所有人家都能办，须有财力做支撑。一般来说，有权势有经济实力的大户人家，红白喜事都会办流水席，排场大，饭菜质量好，不光请全村的人，也招待过往的陌生人，吃的人越多，主人越高兴，以此体现主家的实力和乐善好施，主家也借这个机会树形象博赞誉，当然也不排除有人借机摆阔、装慈善、笼络人心。普通人家主要是丧事才办流水席，也不求饭菜质量，菜多为萝卜、白菜、粉条、丸子几种，有的只是喝豆腐汤或吃面。

人生于世，处在各种社会关系中，这人际交往中就包括亲戚朋友，就是民间所说的世亲、干亲和朋亲。世亲即世代有交往的亲戚，一般有血缘关系。朋亲就是朋友，包括同事、同学、战友等。干亲则有几种情况：或者父母辈是好朋友，让下一辈认干亲，使交往加深，关系更加固定；或者一方对另一方有大恩，一方图报，就以认干亲、当义子的办法，来加深交往保持联系；也有的是为了攀高结贵，让孩子认有钱有势的人为干爹，以求能得到好处或庇护；有的地方还有因为孩子小时候体弱多病，怕夭亡，有认干亲的习俗，希望多几个人来护佑孩子，使其平安健康地长大成人。

亲戚朋友都与主家有这样那样的关系，民间的宴席在接待标准和规格上也有说法，一般说朋亲最重，世亲因为是自家亲戚，好说话，但礼节上谁该排在哪里，还有些固定的规定，需具体情况具体对待，总之，各种关系都要兼顾到。但流水客不用排席位，因为流水客大都是跟主家没有关系的人，有一些人是来帮忙，而有一些人就是白吃。

因此，"流水客"就泛指与自己不相干的人交往。人际交往一般讲究礼尚往来，生活中，有把东西随便送人或很大方地对待跟自家关系不大的人，人们就会说："都赶了流水客了。"赶"是"赶人情"的意思，言外之意是说与流水客不必有人情往来，所以，对一些有去无回，并不想有什么的回报的交往也称"赶流水客"，并有俗话说"赶不了的流水客"，意思是不必要的社交太多。

隔席不插言

乡村走亲访友在亲友家吃饭，名为"做客"，接待亲友为"待客"，这种交往的总称叫"人来客去"。普通的走亲访友，客人少，一桌即可，一般请本家或村里的长者或有威望的人来作陪，作陪的人和客人都会觉得主家高看自己。招待隆重的叫"坐席""坐大席"。

逢红白喜事，客人众多，主家便要事先排好席位，叫"排桌""排席位""拉榜单"，过去多讲究用八仙桌，一桌八人，也是寓意八仙相聚；坐七人的，叫敞口席；坐九人的，叫挂角席，现在一般每桌八人到十人。客人多，难免首施两端，不能兼顾，因此，拉榜单很费脑筋，要揣度如何才是恰到好处，常常是几易其稿。如亲娘舅，礼节上讲是大客，可是过去常常是兄弟多，舅舅多了就会有排不下的情况，遇到确实难排的情况，两害相权取其轻，往往会事前商量一下跟自己亲近的，让一下。话到礼到，对方即使心里不太痛快，也得照顾主家的面子。

大客、二客（也叫一席、二席）确定了，再根据大客、二客来安排主陪副陪，然后是其他席位，安排妥当后一般要提前通知主陪副陪，一旦来不了好换人。宴席开始前将榜单张贴于显眼位置，届时客人到了，自行找到自己的桌次和位置就座。席位不可以乱坐，一般严格按照榜单上的位次坐，不可以大大咧咧随意一屁股就坐下了。极个别也有自行调整的现象，如将高位让给别人，自己屈居一下，表示一下高姿态。总之，来的都是客，每位客人的位置都需安排好。

各地排席位都有一些约定俗成的惯例，除了按照辈分、亲疏、年龄等来排，还要额外考虑一些非常因素。生活中，常有喝着酒就打起来的现象，事后，人们就会说"就不该把他俩排在一个桌上"。人与人之间常有些微妙敏感的关系，有些人原本

应该在一个桌上，但因为平日有矛盾就需分排在不同的桌上，因而谁和谁能排在一起，谁和谁不能排在一起要考虑周到，以防喝了酒情绪激动，惹出是非，本来是喜事反倒弄得大家不痛快。因而，平时有矛盾的就应分桌坐，少了直接接触的机会。

容易产生问题的人是隔开了，但酒过三巡，饭过五味，酒精起了

作用，话也便多了起来，同桌的人自然会有交流，有的人则会借着酒劲，去邻桌敬酒，或者听到邻桌的谈论话题，无意识间就加入其中，尤其有的人没有听到始末，半途进来插一杠子，容易断章取义，加上仗着酒劲儿，说话难免失了分寸，结果就"将起军来"。由此，民间宴请就形成了一个不成文的规矩，那就是"隔席不插言"，也叫"隔席不掺言"。即不去掺和别桌的谈话，敬酒可以，但不评头论足，不说三道四，这也是一种酒德。

民间说话做事讲究看场合，请客吃饭常常也是亲朋好友相聚，无论红事白事，人们都希望祥和顺畅，不生事端，不节外生枝。酒是好酒，席是好席，"度"很关键。乡人重情理也讲礼仪，"隔席不插言"，说的就是既要遵守规矩，也要控制情绪，方可皆大欢喜，这就是百姓的礼。

过了腊八就是年

生活困难的年代，日子似乎过得尤其慢，小孩子们特别盼过年，腊月就显得尤为漫长，也就有了俗语说："小孩儿小孩儿你别馋，过了腊八就是年。"

农历十二月初八为腊八节，腊八节的主要习俗是食腊八粥，这一习俗的由来有多种传说，最为盛行的一个与佛教有关。据说，释迦牟尼从十九岁修行至三十岁，一天，他来到尼连河边，因劳累饥饿，昏倒在地。有牧女用泉水把野果杂粮煮成粥喂他。释迦牟尼吃了粥，顿觉精神振奋，就在河里洗了个澡，然后静坐在菩提树下沉思，在十二月初八这天得道成佛，所以这一天也叫"成道节"。此后，为了纪念释迦牟尼，佛寺于腊八举行诵经活动，用香谷和果实做成粥来赠送给门徒和善男信女们。传说喝了这种粥以后，就可以得到佛祖的保佑，因此，腊八粥也叫"福寿粥""福德粥"和"佛粥"。宋元以降，文人笔记小品中多见记载腊八日食腊八粥的习俗。《燕京岁时记》中对腊八粥的做法和用料记载得很详细："腊八粥者，用黄米、白米、红米、小米、菱角米、栗子、红仁豆、去皮枣泥等，合水煮熟，外用染红桃仁、杏仁、瓜子、花生、榛瓤、松子及白糖、红糖、葡萄，以作点染。"

古时，除了各大寺庙在这天举行浴佛会，做腊八粥外，朝廷也做腊八粥，以赠百官。民间过腊八节喝腊八粥的习俗也极为普遍。民间虽不似宫廷那般讲究，但为了应"八"的数字，腊八粥要用八种粮食和果品制作，有的人家的腊八粥中必定有枣和栗子，寓意"早立子"，以求吉祥。煮粥需煮到火候才好喝，所以胶东一般称"熬腊八粥"，主料是各种米，须有高粱米，取其"高"意，还因为高粱米黏度高，口感润滑，再加上花生、豇豆、红小豆、麦子等八样食材，此外最关键的是还要打上生地瓜丝，粥熬好了，地瓜丝也已化进了粥中，用勺子搅匀的腊八粥里几乎看不见地瓜丝的踪迹，却有地瓜的甘甜。这样的腊八粥又香又甜，营养丰富，是时下任何一种商店中卖的"八宝粥"都不能比拟的。因必须有地瓜，因此也叫"地瓜饭"。熬腊八粥虽然用料少，但因为讲究个样数多，而不一定每家每户都能齐全地找到八样粥料，因而在准备食材的过程中，谁家如果缺了几样料，邻里邻居的人们还会互通有无，你一捧我一把，增进人们之间的交往与感情。

俗话说："腊七腊八，冻掉下巴。"腊八节期一般挨着小寒或大寒节气，正值隆冬季节，天气寒冷，喝一碗热乎乎的腊八粥能给人带来周身的温暖。粥是居家日常食品之一，过去年代因为粮食短缺，普通百姓以喝粥度日，现在人们食粥多注重其食疗养生作用。尽管可能天天喝粥，但由于与腊八节的节期相合，对煮粥材料就有了特殊的要求，加上那些传说赋予的附加值，这腊八粥就显得与平日的粥不同，成了粥里面最为独特的一款，不仅能喝出节日气息，还带着宗教信仰的味道。

此外，腊八节前后，胶东地方还有做腊八蒜的习俗，将大蒜去皮后放入醋中，密封在容器中，到过年时拿出来吃，蒜已去掉了辣味，变得翠绿酥脆，清爽可口，成为过年时佐餐的美味小菜。有的人家也开始憋辣菜，用洞眼最小的礤床把芥菜疙瘩（也叫辣疙瘩）礤成细丝，加适量白糖白醋放在瓶或罐中密封好，为何称之为"憋"，就是指的密封要严，将辣疙瘩的辣味封住，有的人家会在封口处加两层萝卜片再封住，如此憋上个三四天就可以吃了，吃来辛辣的气味直冲鼻孔，仿佛五官通透了一般，为人们所喜食。

过去的孩子们盼过年，是因为过年可以有别于平日的节日饮食和新衣服。衣食丰足的今天，过了腊八节，喝了腊八粥，孩子们也不会再雀跃了。无论盼不盼过年，时光都在流走，歌谣里唱："腊八粥，喝几天，哩哩啦啦二十三。"时间上，腊八节就是一个标志，那就是年关的临近。腊八节拉开了春节的序幕，从这天起，年的脚步就快了。

海里海蜇熊

因为有的海蜇品种有毒性，所以很多人谈海蜇色变，但到了夏天，胶东沿海的人们差不多都会喝鲜海蜇汤。海蜇有多种，学名水母，属腔肠动物，是没筋没骨的无脊椎软胎动物。胶东海边的人喝的是可食用的海蜇品种，海边人又有细分，乳山有沙海蜇和清海蜇之分，荣成则有海蜇和海豆腐之分等。

夏天喝鲜海蜇是海边人舌尖上的美味，将捕捞来的鲜海蜇体表的黏液洗净，用刀切成细条，厚的干脆用打地瓜丝的礤床打成条，再用清水洗一两遍，不必加盐，加熟芝麻，乡人没有芝麻，常会将炒熟的花生米碾碎放在里面，再加蒜泥和新鲜的香菜，即可食用。海蜇的鲜味中透着香味，爽滑清凉，喝上一碗，极是过瘾，当然也可以加糖、醋等，依个人口味。夏天喝海蜇可解暑利尿，人们常拿了当饭吃，喝个肚饱之后说一句"喝海蜇喝饱了"。因海蜇有化水的特点，所以即使喝多了也绝不会积食，不必担心消化不良，喝鲜海蜇汤也成为胶东沿海夏季的特色饮食习俗，海边人夏天若是不喝几顿鲜海蜇汤都不算过夏天。由于鲜海蜇不能久存，在海蜇收获的季节，大多用食盐、明矾加工成海蜇皮存储，秋冬季节用海蜇皮拌白菜心也极是清爽，是海边人上席待客必有的一道凉菜。

由于海蜇是胶东海边人喜食的常见美食，生活中也便产生了许多与海蜇有关的民间语言。有一句俗语说"海里海蜇熊，地上老人熊"，这里的"熊"有不行、无能的意思。这话说的是，海蜇无骨，虽在海里很能耐，捕捞上岸后就会瘫软成一堆，因而说其熊；老人年老体衰，力气自然小，更深层的意思则是说老人拿自家孩子最没办法，在孩子面前最无奈，再强势的父母在孩子面前也只能示弱，所谓"虎毒不食子"；这话也常用来说那些不孝敬不赡养老人的个别社会现象。胶东沿海地方有一

个惯用语就叫"海蜇熊"，当是从这句俗语中析分出来的，指的就是软弱无能的人。有一种海蜇，人们称之为"沙海蜇"，体积庞大，动辄就是几百斤，如大碾盘一样厚重。由于海蜇的肉体颤动如人类体胖者的脂肪，所以人们在说人胖的时候，不直接说胖而说是"沙海蜇"。这两个词在人们的日常用语中做名词用，使用频次很高，成为"无能"与"胖"的代名词。因海蜇离开海水很快就会化成水，所以若有人尿频老去茅房，就会有人笑他"化了海蜇"。

这三个惯用语都可以用来贬人，说重了有点儿骂人的味道，说轻了可以用来开玩笑，也可以用来自嘲。无论轻说重说，这样的生活语言常令人忍俊不禁，只有把喝海蜇当饭吃的海边人才会明白，不明就里的外乡人是不懂其中意趣的。

海猫子　山猫子

海鸥是海边最常见的海鸟。海岸或岛屿上，成群的海鸥或浮在水面上，或贴着海面掠过，或在大海上空盘旋，成为海上的一景。胶东半岛沿海的人们称海鸥为海猫子，一说是因为其叫声与猫叫声相似，二说是因为渔民们认为海鸥懒，自己不捕食，只等渔民捕鱼回来，叼食人们丢弃的小鱼小虾吃，就像偷腥的馋猫一样。生活中，海边的人们说某人极嗜食海鲜也会说他是"海猫子"，意思是像猫一样喜欢腥气。

因为海鸥知道渔船上会有它们需要的食物，所以常常会远远地来迎接归航的渔船，开航时也会把渔船送出去老远。正由于海鸥的这种习性，所以胶东沿海就有了两句俗语，一是"海猫子叫了快落锚"，二是"海猫子不识潮流（水）"。这里的海猫子就是海鸥，前一句是说归航的渔民听到海鸥的叫声，就知道离陆地近了，就要准备抛锚靠岸了；后一句是说海鸥不管潮涨潮落，都会跟随渔船飞，因为它们不必管潮流，只要有渔船就行。当然，风帆时代，有经验的海员或渔民也根据海鸥的飞行情况观察天气、地形或方向。

有一种鱼的名字也叫海猫子，胶东沿海的人们一般在秋冬季节把它们做成鱼干，叫"海猫子干儿"，凉拌或炖菜吃都是美味，问海边人都说不知道学名是什么，结果在网上查了下，竟然真有海猫子这个名字，是鲬子鱼科，学名鲬子鱼，有网纹鲬子鱼、赵氏鲬子鱼、细纹鲬子鱼等品种，常见的以赵氏鲬子鱼为多，俗称海猫子鱼、先生鱼、海鲶鱼、海兔子鱼。其胡须长，叫先生鱼、海鲶鱼可以理解，可为何叫海兔子鱼，遍问不得其解，也是因为叫声相似，还是因为它们游走迅速如脱兔一般，或是因为鱼干的肉质如兔肉一样鲜美？

有意思的是，同海里这种叫海猫子的鱼一样，山里也有一种动物，栖霞人称其为叫山猫子，而这个山猫子就是人人皆知的野兔。野兔在胶东很常见，与家兔相区分，也叫山兔子。野兔的繁殖能力很强，因而过去野兔很多，也便有了许多跟它相关的歇后语，如"搂草打兔子——捎带着""听见兔子叫还不种豆了"等，兔子怎么叫大多数人没有听到，但没听到不等于兔子不叫，据说兔子也会像猫一样呜呜地叫，山里人应该是听到了兔子叫，也才有了这样的俗语和称法。既称野兔为山猫子，当地也便有了俗语"山猫子叫门——送肉来了""山猫子上大道——混充高丽马"。

兔子和猫不同科属，外形也不像，它们的名称却可以如此置换，海猫子鱼也叫海兔子鱼，山猫子也叫山兔子，多么有意思的语言现象，民间语言之丰富有趣实在令人惊叹。

和地瓜油一样

俗话说："红薯半年粮。"红薯，胶东称地瓜。在乡村，人们秋天要储藏不少地瓜，然后一个冬天的主食就是地瓜了，来年春天青黄不接的时候，连生完"地瓜芽子"后的"地瓜母子"也都填进了肚子。地瓜最常见的吃法就是煮食，胶东地方叫炜地瓜。冬天的每个晚上，收拾完碗筷之后都要洗一大盆地瓜，第二天早上就会炜一锅地瓜。锅底下加水，扣上饭甑子（也叫饭漏、锅漏）隔水，沿饭甑子边码放上地瓜。刚创的新地瓜吃起来发面，秋后把地瓜在阳光下"困一困"之后，就变得绵软，吃起来稀甜。地瓜是好东西，但不垫饥，吃多了还易烧心，家庭困难的人家一天三顿吃地瓜也是常有的事，以至于有些人在以地瓜为主食的年代吃地瓜吃"伤"了，如今见了地瓜，再也提不起一点儿胃口。

地瓜受热后淀粉里的糖分就流出来，晶莹剔透，像蜜一样甜，人们称之为"地瓜油"。世上几乎所有的孩子都是喜欢吃糖的，可是在生活困难的时候，糖是绝对的奢侈品，所以过去乡村里吃不到糖的孩子们，有的就把地瓜油当成糖吃。20世纪70年代的时候，乡村的供销社里卖一种硬糖，一分钱一块，用一种很容易磨损的糖纸包住，颜色与味道都与地瓜油有些相似，人们就称之为"地瓜油糖"，当时，能吃上这种地瓜油糖果就是一种莫大的享受了。

地瓜油好吃，但极黏，会粘到锅边上、饭甑子上、锅里的碗碟和其他食物上，出锅也会粘在盛器上，吃的时候更是滴得满手、满桌子都是，还会弄到衣服上，总之只要跟它有接触就都会被粘上，可谓是避之不及。地瓜油凝固后颜色发黑，愈加不好清理，刷锅刷碗的时候最打怵的就是刷粘上了地瓜油的器物，尤其是刷地瓜油锅，地瓜油常常会糊在锅上，不仅要尽快清洗，还因为太过黏着，必须先用刀铲子戗了，再用炊帚刷；弄到衣服上清洗起来更是令人头疼，要格外花时间和气力，真可谓"地瓜好吃油难洗"。

地瓜流油是自然现象，这"地瓜油"的叫法，字面上看并无不妥，但用在人身上则不太讨人喜欢了，说人是地瓜油跟甜没什么关系，主要说的是"黏"这一特点，同说人耍赖皮的意思差不多。对黏人的孩子可以这样说；对一些纠结于一件事情没完没了的人也可以这样说，如"你怎么和地瓜油一样，还黏上了"；对于一些口碑不好的无赖一类的人也可以用，如"某某人和地瓜油一样，可别叫他黏身上"，意思是粘上就难弄掉了。如果说自家孩子"像地瓜油一样黏人"还有开玩笑的意味，那么其他的说法就带有一些不满和嫌弃了。

地瓜油是甜的，可为什么不叫地瓜糖、地瓜蜜，而叫地瓜油呢？想来多因不好清洗之故，尽管可吃，也有讨人嫌的地方。这"地瓜油"一词当出自那些操持家务的家庭主妇之口，她们深受其苦又饱含无奈。

荷花生人与连年有余

中国有四大年画产地，无论哪里的年画，无论什么风格的年画，其中都少不了一幅，那就是《连年有余》，画面是莲花、鱼和一个大胖小子，"莲"谐音"连"，"鱼"谐音"余"，寓意连年有余，表达人们希望生活富足的愿望。实际上，"连年有余"只是其中一层意思，也就是画面意思，这幅画更主要的内涵则是荷花生人,画里的主角是那个大胖小子,荷花和鱼都因胖小子而设。

莲花又名荷花,花谢之后结莲蓬,莲蓬中结莲子,正如李渔《芙蕖》所写:"蒂下生蓬,蓬中结实。""莲子"里面因为有"子"而被人们喜爱,于是,胶东婚礼面食里必搲莲子饽饽,新娘子进门要咬的"子孙饽饽",就是两个用红绳绑在一起的莲子饽饽,一边咬一边回答"生不生"的提问,祈孕的寓意很鲜明。

有爱情的婚姻是人人祈盼的,而莲自古就与爱情有关,乐府民歌里有一首《西洲曲》:"采莲南塘秋,莲花过人头。低头弄莲子,莲子清如水。置莲怀袖中,莲心彻底红。忆郎郎不至,仰首望飞鸿。"极尽渲染一个女子缠绵的情思,其中就采用谐音双关的手法,"莲子"谐"怜子","莲心"谐"怜心","清如水"则说其情纯洁澄澈如清水可鉴。

莲和鱼都因水而生,所以二者经常出现在一起。另有一首乐府民歌《江南》:"江南可采莲,莲叶何田田。鱼戏莲叶间。鱼戏莲叶东,鱼戏莲叶西,鱼戏莲叶南,鱼戏莲叶北。"这实则是一首情歌,借鱼在水中戏莲,写男女在采莲的时节调情求爱。正如闻一多先生所论,鱼在古典诗歌中象征爱情、性与配偶。因而,人们常用"鱼水之欢"比喻男女亲密和谐的情感或夫妻生活。

鱼与人们生活密切相关，半坡氏族即有鱼形为装饰的器物。古时候人们对鱼还有着另外两种崇拜，即求雨和求子。求雨是俗信认为鱼可以化龙，有鱼龙变化，龙可生水；求子是因为鱼同莲一样，也多籽，正如有谣曰："劝君莫食三月鲤，万千鱼籽在腹中。"也就是说，古时候人们对鱼的这种崇拜还是一种原始的生殖崇拜。除此，鱼最表层的民俗意义便是象征吉庆有余和丰收有余。

可见，荷花和鱼在民俗中的意义一样，都代表爱情和美与多子多福，所以荷花和鱼的图案在生活中到处可见，是剪纸、年画、雕刻、刺绣等民间美术形式的传统题材，直接表现荷花生人意义的，就是胖娃娃站或坐在莲花之上，"荷花生人"与"连年有余"也成为民间百姓常挂在嘴边的吉祥话。从《连年有余》艺术形式的表层意蕴和深层内涵中，可见人们将最基本的生活追求表达得含蓄而唯美，足见中国文化底蕴之深厚。

红事叫，白事到

人的一生，生老病死，伴随着许多人生礼俗，其中最重要的是来到这个世界和离开这个世界，中间还有个结婚。民间极重"礼道"，有俗语是"红事叫，白事到"，体现了两种风俗习惯。这里的红事主要指嫁娶，白事指丧葬。这句话的意思是，结婚的事情，需喜主通知才能去，而家里如果有人故去，则只要听说了就该去，不用等主家叫就要去。

古时，洞房花烛夜是人生四喜之一，就是今天也被人们看得至关重要，婚姻乃终身大事，是大喜事，喜主高兴，旁人也跟着高兴，尤其是亲戚朋友，良辰吉日定下之后，一般都提早通知，好让大家不要安排别的事情；过去请客一般要亲自上门告知，现在一般都是先电话通知，确定之后再送请束，以示诚意和对对方的尊重。收到请帖的人会很高兴地接受邀请，亲近的人还要提前去帮忙。如果本该通知的人喜主没有通知，常常会被人挑了理去，没有接到邀请的人就会想东想西，是不是什么时候有所开罪或是如何。接到邀请的人一般没有特殊情况都会前去，为的是给喜主捧个场，因为喜事原本要的就是喜庆热闹，宾客到了，送上礼金并说一些吉祥语，所谓"沾沾喜气"。如果实在有事走不开，一般也会提前或托人将礼金送去，送去自己的祝福，喜主家往往会另找时间招待；如果请了不到，则意味着今后你与喜主不再有这种喜事间的往来。

新时代，结婚请客也有新形式，年轻人会通过网络发电子请帖，将自己的婚纱照、婚礼地址和导航路线等一并奉上，并配音乐、动画等形式，时尚美观，但即便这样，仍然还要单独通知要邀请的宾客。时代进步，但情理犹存。

丧事往往事发突然，不像结婚那样事前早已定好婚期，因而没有人会提前通知，加上家里有人去世，为大悲之事，忙乱得也顾不上通知，因此，除了由孝子亲自向家族长者和至亲报丧即"磕头报丧"外，街坊邻居一般不用报丧，只要看到丧主家门前的封门纸、挑钱等"门当大事"的标志，就会主动赶来帮忙。大家互相传信，熟悉的亲朋听到消息都会主动上门吊唁，送来赙金，而这样的朋友也是堪做真朋友的人，因为人在难过悲痛无助之时，最需人帮忙，不光是经济上更是精神上莫大的慰藉。另外，丧事不主动告知，还有一个原因是民间认为丧事不吉利，不好主动上门，怕给别人带来晦气，与此相关还有一些禁忌，譬如说重孝在身的人一般不去别人家串门，老人走的当年甚至头三年，过年的时候家里不贴红春联，不去别人家里拜年等。

不要说村人粗鄙，百姓最是知理重情之人，人情大过天，经事方能看出亲疏远近，看出真情假意。民间的事合情还需合理，老百姓讲究的就是情与理。红事白事，一喜一悲，礼俗截然有别，红事要叫，显示出主家的热情，白事要到，显示出来宾客的真情。

葫芦里卖的什么药

葫芦可以用来盛装各种东西，但最常见的还是酒葫芦和药葫芦，以至于有些卖酒和卖药的店铺，常用葫芦在门口做标志招幌，因而也有了一句常用的俗语："不知道葫芦里卖的什么药。"这话在实际语境中可以灵活变用，都是用来说不知道对方的用意。为什么说不知道葫芦卖的什么药呢？一是因为葫芦本身的密闭性，里面的药的确是看不到；二是葫芦里卖的一般不是普通的药，而是仙药，是丹药。

葫芦，古代也称作"壶"，《国风·豳风·七月》里有："七月食瓜，八月断壶。"这里的"壶"即是葫芦。民间认为葫芦有驱灾辟邪的功能，这与道家关系密切，《后汉书》有壶公传说，那悬壶卖药的老翁的葫芦里"玉堂严丽"，别有洞天，葫芦内就是一个乾坤，以至于后来葫芦衍变为神仙之境的代名词，道家把理想的仙境称为"壶天"，李白有诗云："壶中自有日月天。"葫芦也成为道教人物手中的灵物，八仙传说里的铁拐李身背葫芦，云游四方，用葫芦中的灵丹妙药救世济民；陈抟老祖终年将"大瓢挂壁上"；寿星佬儿手中拄的龙头拐杖上系着的是葫芦；《西游记》里孙悟空偷吃太上老君的"九转金丹"就放在葫芦里，还有那能收纳妖精的葫芦更是法力无边。在民间的思维里，葫芦里即使装的是普通药也可以解除病苦，更不用说仙丹了。于是，无论葫芦里装的是丹还是药，都被百姓认为是具有了祛病避灾的神奇功能。

这种驱灾辟邪功能表现在普通百姓日常生活的方方面面。作为"暗八仙"之一，民居建筑的砖雕、石雕、木雕或者彩绘上随处可见葫芦的图案，大门的建筑和装饰上尤其多见，起到的作用就是镇宅辟邪。人们还常常在家里挂或摆放葫芦，胶东地方端午节在大门上要贴葫芦剪纸，称之为"吸毒葫芦"，表达的也是同样的寓意，既美观，又与端午节驱毒辟邪的习俗相应。

既然葫芦能驱灾辟邪，由此也生发出了葫芦能保平安的功能，现在的人们也常会在车上悬葫芦挂件，上雕"出入平安"的字样，称之为"平安葫芦"。

葫芦既然如此神通，民间更认为葫芦无所不能，干脆称之为"宝葫芦"，即要什么有什么，于是葫芦又有了招财进宝的功能。如胶东过年的面塑中必有葫芦，大的小的都要蒸，既好看，又将驱灾辟邪和招财进宝的寓意蕴含其中。人们将大的放在面缸上，将拇指大的两个小亚腰葫芦粘在一起，放在窗台上，并有民谣曰："亚腰葫芦放窗台，金银财宝都进来。"除了过年的面塑，婚庆生育的面塑中葫芦也多见，馃模子中也多葫芦图案，婴儿的百岁和周岁面塑中，或手塑或模子搪都有葫芦造型，以求护佑孩子平安长大。葫芦又与"福禄"谐音，迎合了民俗的五福信仰，更被人们所青睐。

虽说现在不再用葫芦装药了，但福寿安康却永远是所有人的追求。无论是驱灾辟邪还是招财进宝，也无论是多子多福还是福禄双全，哪一项都是美好的愿望，哪一项都是人们求吉心理的体现。

葫芦生人

葫芦可以做浮具，我国自古就有"腰舟"的说法，《诗经》上即有"匏有苦叶，济有深涉"的句子。《庄子·逍遥游》里惠施对庄周说："魏王贻我大瓠之种，我树之成而实五石。"战国时期1石约合现今1/5石，"五石之瓠"能容100升水（0.1立方米）。这样大的葫芦所具有的浮力足以载人涉江河，更不用说几个葫芦绑在一起的浮力之大了。过去，胶东沿海的"海碰子"们就用葫芦来做浮具，扎一猛子下去，捞取了海参、鲍鱼等海味上来，然后浮在葫芦上歇息换气。葫芦的浮力具有救生功能，也使葫芦成为洪水再生神话里的主角，可以说，在我国各民族的洪水再生神话里，葫芦就是东方的诺亚方舟。

洪荒时代，时有洪水泛滥，当洪水冲毁了一切，大地一片汪洋，人们便幻想是葫芦拯救了人类，因此，我国几乎所有民族的洪水再生神话里都有葫芦的影子。在汉族的洪水再生神话里，伏羲女娲兄妹就是躲在大葫芦里才逃过了水灾，而后又繁衍了人类。闻一多先生有考证，说人类的始祖伏羲、女娲是葫芦的化身。与洪水再生神话相连的还有葫芦生人神话，葫芦生人的传说在少数民族中更为普遍，许多民族认为他们的先祖就是从葫芦里走（生）出来的，如佤族、拉祜族等，因而不少民族存在着葫芦崇拜。

在民间，葫芦生人不仅是传说，也是一种俗信。由于葫芦的形状很像女性怀孕的腹部，葫芦又多籽，因而，生活中葫芦的民俗意义首先体现在祈孕上，也是一种原始的生殖崇拜，这在婚礼和人们喜植葫芦上都可体现。

喝交杯酒是婚礼中的习俗之一，古时称合卺礼，即将葫芦一剖为二，以柄相连，以之盛酒，夫妇共饮，表示从此成为一体。《婚义》里记新婚夫妇入洞房之后："共牢而食，合卺而酳，所以合体共尊卑，以亲之也。"

葫芦是爬藤植物，葫芦的茎俗称为"蔓"，谐"万"音，蔓带即"万代"，而葫芦的多籽又谐音"多子"，正迎合了人们希望子孙万代，多子多福的民俗诉求。因此，民间历来将葫芦与多子多福连在一起，《诗经·大雅·绵》有"绵绵瓜瓞，民之初生"句。瓜瓞绵绵后来也成为祝愿子孙昌盛、兴旺发达的惯用成语。

走在村子里，不时会见人家的墙头、草垛上爬着葫芦的藤蔓，结着嘀哩当啷的葫芦，这极常见的乡间景象背后，有着古老而朴素的植物崇拜观念。

会打扮，打扮十七八

　　"人是衣裳马是鞍""穿衣戴帽，各人所好"，这是很常用的与服饰有关的俗语。可是乡村人还会说一句"会打扮，打扮十七八；不会打扮，打扮屎疙瘩"。意思是说小孩子有衣服穿即可，不必给小孩子买很多的新衣服，尤其是婴儿期，因为小孩子总在褪褓中，只随时换尿布即可，给这样的孩子买新衣裤纯属浪费。而到了十七八岁，也就到了所谓"女大十八变"的时候了，过了青春期这个青涩青葱的年代，女孩子会出落得如花似玉，男孩子也会像茁壮的小树苗一样站立在你面前。而在古时候，也已到谈婚论嫁的年龄，这个时候才是真正应该打扮的时候了。

　　现在的年轻人总说养育孩子投资大，而这显然取决于怎样的育儿观念。过去，婴幼儿的衣服基本不在家庭开支之列，小孩子穿衣用的布料少，巧手的妈妈会用制成衣剩下的布料拼接起来做成衣服给孩子穿；婴幼儿有穿百家衣的习俗，即从各家取一块布片，将不同色彩、质料、形状的布片经过精心选择、折叠、缝合，最后做成一件五彩斑斓的衣服。据说这样托众人的福，孩子就会好养活，所谓"吃百家饭，穿百家衣"。等长大些，孩子多的人家则一直盛行小的孩子穿大孩子穿剩下的衣服的习惯，所谓"新三年，旧三年，缝缝补补又三年"。这虽然与过去的生活条件有关，但其中也不无道理。小孩子长得快，衣服很快就会变小，不在小孩子的衣服上多花钱，也是勤俭节约的好习惯，生活过于优裕，对于孩子并不见得是好事情。

还有俗话说"饥寒养孩子"，即是说小孩子不必吃得太饱、穿得太多，老人们还常说要接点儿地气，可如今的孩子都金贵得不得了，爷爷奶奶、姥爷姥姥、爸爸妈妈，六个大人，甚至还要加上保姆，从这个怀里倒到那个怀里，几乎是脚不沾地。

黄河岸边的小孩子过去曾经穿一种土裤，即"沙土布袋"。用棉布制作，呈长方形，底部密缝，顶端开口，整个土裤就像一个袖珍的口袋。选黄河岸边暴晒干燥的细沙土，取适量沙土倒入铁锅内炒，待其温热适度时装入土裤中，把孩子放在里面，小孩即可在土裤中便溺，干燥温热的沙土会很快将排泄物吸收，还能防止婴儿臀部和腹股沟等处浸渍发炎。等忙于生计的父母回家，直接把沙土倒掉换成新的就是。孩子就在几个沙土口袋里长大，省却了衣服，而且还方便保暖。取之不尽的黄河沙土洁净细腻，温暖舒适，养大了一代又一代的黄河岸边人。

如今每家仅有一两个孩子，孩子少，衣物多，穿几次根本穿不坏，所以亲戚之间、同事之间，将用不着的衣物送给比自家孩子小的孩子穿，不失为一种既经济又环保的方法。虽说生活条件好了，但还是不应该提倡过度的花销，尤其城市里年轻的父母们，从纸尿裤到婴幼儿服饰，对孩子的投资令人咋舌。面对年轻父母对孩子的娇贵，老人们常会撇撇嘴，言外之意，谁没养过孩子。如此，代沟立现。

九九耕牛满地走

公历12月22日（或前后一天）为冬至，是北半球白昼最短、黑夜最长的一天。梁朝宗懔的《荆楚岁时记》中记："俗用冬至日数及九九八十一日，为寒尽。"从冬至开始就"入九"了，也叫"进九""入冬"，意味着冬天的真正开始。"数九寒天""数九隆冬""三九严寒"这些词语，都因数九而来，说的都是这九九八十一天是一年中最寒冷的时候。

冬天漫长而寒冷，古时生活水平低，缺衣少食，加上天寒地冻，可谓苦不堪言，尤其有些身体病弱的人，冬天常会熬不过去。于是人们就盼着严冬早日过去，日子艰难，就觉得时光的脚步似乎更慢了，慢到要一天一天地盼，一天一天地数着过，也便就有了"数九"一说。

数九的形式以各种"九九消寒图"最为盛行。"画九"，以画一枝素梅最为常见，上画九朵梅花，每朵九瓣，计八十一个瓣，每天用红色涂一瓣，涂尽就"出九"了。"写九"，以道光御笔亲题的"亭前垂柳珍重待春风"句最有名，九个字，每字九画，共八十一画，用双钩描红这九个空心字，分别排在三行三列九个格子中，看天起笔，从冬至日开始，把每天的天气情况写在一个笔画中，每过一九填充好一个字，九尽填完。历史上的消寒图品类繁多，不一而足，不同时代不同地域的消寒图不同，宫廷和民间的消寒图也有差别，主要是记事记天气变化，连续几年的消寒图还可以做对比，甚至成为指导农事耕作的历画。无论哪一种，都是冬日消遣娱乐的一种方式，不仅有生活情趣，也是人们热爱生活顺应自然的体现。

除"画九""写九"，各地还有不同的"数九歌"，北方一般流传的是："一九二九不是九，三九四九棍打不走，五九六九河边看柳，七九萌芽生，八九河里不捞冰，九九耕牛满地走""一九二九不出手，三九四九凌上走，五九萌芽生，春打六九头，七九河开河不开，八九雁来雁准来，九九

加一九，耕牛遍地走""一九二九不出手，三九四九冰上走，五九六九沿河看柳，七九河开，八九雁来，九九加一九，耕牛遍地走"等，成为人们耳熟能详的民间歌谣，各地说法略有变化，如还有"三九四九冻破石臼""九九犁犋满地走"等，都表述了这八十一天中寒暖的差异，表达了盼望春天的急切之情。

"数九歌"可以整首来说，每一句又可以拿来单说，成为多句俗用谚语，如"春打六九头""七九河开八九雁来""九九耕牛满地走"等最为常用。同其他气象谚语一样，数九歌有鲜明的地域性，虽说都是人们长期经验的总结，但不同年份具体情况又不同，歌中所言并不就一定准确无误。数九歌最大的意义在于其中蕴含的希望，与"画九""写九"不同，数九歌将九九八十一天做了切分，一切分，这近三个月的时间马上显得不再那么漫长，日子也不是一天天地数，而是九天九天地过了。最重要的是这些数九歌给了人们一种心理预期，那就是让人觉得漫长的冬季并不是那么难熬。在所有的数九歌里，似乎除了三九四九，其他时间都并不冷，这就是希望的力量之所在。

如果要问春天在哪里，春天就藏在冬天的心里、在人们的希望里。认为春天很快就会到来，成为人们漫长冬季里最执着的希望，最严寒的时候也最盼望，这与雪莱的诗"冬天来了，春天还会远吗"是同样的期盼，可见人类的愿望都是共同的，那就是永远充满了希望，越是艰难，越要有希望在。

炕上没有席，脸上没有皮

古人席地而坐，席子铺在地上，胶东的席子则铺在炕上。胶东民居的最大特点是有炕，炕是家庭起居的中心，晚上放下被子睡觉，早晨卷起被子，炕就是做营生的场合，女人做女红、看孩子以及来客坐席都在炕上，可以说炕上什么活计都能做，尤其是冬天，坐在热乎乎的炕上吃个饭拉个呱，实在是温暖无比。

炕是用小泥墼盘起来的，留出烟道，最后在上面铺大的炕面墼，再用泥将炕面抹平抹光。炕烘干了以后，先薄薄地撒上一层稻秸或麦秸草，再铺上一领炕席保护炕面，一家人起居就在这炕上了。相对来说，苇箆和竹箆席子较高档少见，普通人家用的席主要是高粱秸秆皮编成。颜色有红箆、白箆之分，红箆是红皮高粱，白箆是白皮高粱；纹路有粗箆、细箆之分，即有粗纹和细纹，细纹质量更好一些，所以殷实的人家铺细席，精致的还夹色编织上喜字、福字和花纹等。人们称席用"领"或"张"，买席子叫揭一领（张）席。

因为在炕上的时候很多，加上小孩子能踢腾，席子很容易破，炕头和炕外边的地方最容易损坏，炕里边被子底下或被阁子下则用得不多，所以人们过一阵子就会把炕席调个个儿，这样也还是会破，家庭困难的人家就往往用旧布刷上糨糊糊一下。旧席子换下来也能派上用场，做遮盖粮食、草垛等用处，或剪取能用的部分糊成筐箩。席子有了磨损后会起毛刺，所以扫炕有专门的扫炕笤帚，如果用手去扑落席子，被席篾刺了手是常有的事。

不铺席的炕叫"光炕"。过去，不是所有的人家都能铺得起席子，家庭条件差的人家一般用纸糊炕面，好一点儿的会在纸上刷层清漆增加光滑度。生活困难的年代，形容人家境贫寒，会说"炕上连领席都没有"；有人形容收成很好的时候会说"今年能置上炕席了"。可见炕席有多金贵，因而有俗语说"炕上席，脸上皮"，相反的表达则是"炕上没有席，脸上没有皮"，意思是炕是见人待客的地方，如人的脸面一样重要。

什么时候一定要用席子呢？请客吃饭一定要有席子，乡间请客就叫"坐席"，那是见人待客的场面，自然要隆重，没有席子会很没有面子。

过年讲究个除旧布新，因此过年的时候一般都会铺新席子。年集上卖席的摊子很兴旺，腊月二十三祭灶后，打扫完灰，新糊的墙贴上两张新年画，再铺上一领新席，整个屋子就焕然一新，新锃锃地过年。家境困难的人家和一些过日子仔细的人，会在过完年将原来的旧席换上，将新席卷起来留待明年过年再用，一领新席能过好几个年，直到旧席实在不能用了才换下，如此循环。

结婚的时候迎娶新人，当然也要用新席子。过去福山的婚俗中，不光新房里要铺新席，迎亲时男方还必须给女方家买一领席带上，说是因为媳妇小时候给岳母家尿烂了一领席，送席子是新郎对新娘家的感恩与补偿，并有新娘子必须在新席上换衣服才能出嫁的说法。有歌谣唱："八个饽饽一只鸡，光棍今天要娶妻，千万要拿一张席。"据说，生活中就曾有人娶媳妇忘了拿炕席而被逼着回去拿的个例。

20 世纪 80 年代，出现了一种人造革材料，城里的人用来铺地，乡间的人们用来铺炕，人造革图案多样色彩鲜艳，价廉物美又好打理，于是很快成为人们铺炕的新宠，但名字依旧叫席，根据炕的大小割相应的尺寸，过年要割新席，结婚也要割新席，这可以说是一次炕席的革命，篾席从此退出了农居生活的舞台。炕席材料换了，习俗没变，俗语也没变，为人做事人们依旧讲究个体面，这句俗语在体现人们自尊的同时，也反映出胶东的居住习俗。

可是看见地头了

生活中，在经历过漫长的等待或努力后终于有了结果或达到目标，人们会用一句俗语"可是看见地头了"来表达心中的万般滋味，这句俗语来自农村耕作之苦。

在胶东农村，人们习惯称田野为"泊"为"山"，下地劳动叫"上泊""上山"，称耕地为"地"，地处平原的叫"泊地"，地处丘陵的叫"塽地"，地处山区的叫"山地"。泊地往往地头很长，长的地头据说能有1公里远，遇上长地头，锄地、拔草、收割……苦不堪言，似苦海无边。劳作间隙的休息也往往是以干完几垄为区间的，繁重的体力活儿常常让人们累得直不起腰来，在喘口气的工夫看一眼前方，离地头还远着，便常常会叹息一声"怎么还看不见地头啊"，那到地头的过程显得遥远而漫长。于是只能埋下头继续机械地劳作着，等到在看了无数次之后的某一次站起身来时，已经可以清楚地看到地堰边的野草或是田沟，心中就会充满了喜悦，长舒一口气，说一句"可是望见地头了"（家乡人用的"望"，准确地表达了"向远处看"的意义）。于是，似乎身子轻快了许多，挥动镰刀和锄头的频率也加快了不少，心情也要欢腾许多。等到了地头，放下家什，喘口气，擦把汗，捶捶腰，或许还可以抽袋烟、喝口水，之后又得埋下头，拿起工具，开始漫漫的回程。

人们大都喜欢干地头短的农活儿，似乎会轻快许多。无非是心理作用使然，因为短的地头不断给人们以希望。在面朝黄土背朝天的人们心中，那地头就是希望，看见了这个地头，还有下一个地头，那一个个地头就这样在前方招引着人们，人们就一个希望一个希望地盼着，把汗水挥洒在田野上。漫长的人生历程也如耕耘收获，也在一个地头一个地头地盼，这盼头就是希望，若没有了希望，人生也就没有了奔头。于是生活中就常用"看见地头""看不见地头"来比喻希望的渺茫与有无，没有经历过农活儿辛苦的人不会明白其中的甘苦。

如今，尽管大型农用机械的使用，使乡村的人们摆脱了体力上的劳累，但这句俗语还时常鲜活地出现在人们的耳旁嘴边，并有许多变通的说法，绝望的时候会说"完了，算是看不见地头了"；希望遥遥无期的时候会说"什么时候才能看见地头啊"；鼓励那些疲惫至极的人会说"再坚持坚持，就快看见地头了"……

拉梗子

在吃喝事情上的推辞经常被人们称之为"馋睾"，有时候人们也说这叫"拉梗子"，"馋睾"之余又含有不痛快、不爽快的意思。

拉梗子，是乡村孩子玩的一种游戏，即拉叶梗，也叫"拔梗""拔树梗""割梗""拉巴条"等。秋风起树叶落的时候，孩子们捡拾许多树叶的叶柄，以男孩子玩居多，玩的叶梗以杨树叶居多。两人各取一根叶梗，交叉成"十"字，各持自己叶梗的两端，用力向自己一边拉扯，以拉断对方的叶梗为胜。可以一对一玩，也可以一对多玩。一根拉断，再拉第二根，一根根拉下去，乐此不疲，求胜之心很是急切。有时候，由于用的是巧劲儿，或树叶的柔韧性好，干湿程度合适，一根叶梗可以拉断对手好多根叶梗。这种属于"斗百草"的游戏，能一直玩到下大雪冷得伸不出手的时候，农村的孩子也就是在这样的游戏中认识了不同的树叶，认识了不同的树。

孩子们玩拉梗子，虽有技巧但也是拉锯战，常会处于胶着状态，有一个相持阶段。说人"拉梗子"，是因为被求者在面对请求的时候也有迟疑、停顿，二者存在共性，所以拿来做比。民间语言贵在形象准确，这"拉梗子"便是，以儿童游戏来喻人情世故，极为生动贴切。

与"馋獾"不同的是，"拉梗子"不只用在吃喝上，还可以用在任何地方，多用在求人办事的时候。直接拒绝也就罢了，若被求者不马上答应，推托一番之后才答应，人家便会说这是"拉梗子"，当然也有亲疏之分，熟悉的人可以理解你，也可以当面开玩笑说你"拉梗子"，不熟悉的只能在背后说"某某人就那样，总得拉拉梗子"。说轻了是一种客套、谦虚，说重了是有些虚伪或者摆架子。

人生在世，谁也不敢说自己能永远不求人。大凡求人者总是在权衡许久之后才下的决心，自然是希望能有求必应，希望对方能帮自己排忧解难，助一臂之力，可是被求者有时候也会有种种的困难或考虑。有时候被求者确实是能力不济，没有自信，怕把事情搞砸了，对不住人家的信任，或者是真的做不了，这种情况下，求人者若一味坚持，就有些强人所难；但还有一些人则是原本对他来说举手之劳的事情，却偏偏不给人个痛快话，不答应也不回绝，而是吞吞吐吐，或者说再考虑考虑，这时候求人者心里就会犯嘀咕，不知道对方是真推辞还是假推辞，是不是还需要打点一下，等等，其实这样的情况一般来说就是委婉拒绝。

人际关系微妙复杂，不是所有的忙都能帮，能帮的要尽量帮，但触及原则和底线的忙还是不帮的好。假若所求之事被求者就是做不了或者不想做，那么就应该给人个准话，断了人家的想头，好让人再做安排，再想别的办法，不要自己勉为其难，也不要不帮人还给人以希望，"拉梗子"实在是既耽误事情又浪费感情。如果回绝了就坚持到底，切不可推辞了半天，最后忙也帮了，还落了个"拉梗子"的口实。

老牛巴谷雨

"清明过后是谷雨"，谷雨是二十四节气的第六个节气，也是春季最后一个节气。胶东有农谚说"清明耕一半，谷雨种一半"，是说节气到了谷雨，春耕春播即将结束。胶东地方还有一句俗语说"老牛巴谷雨"，巴，巴望、盼望之意，老牛盼望谷雨，是因为春耕快要结束，老牛终于可以歇息了；而且此时有大量肥嫩丰美的青草，反刍鲜美的青草，当与嚼食干草滋味不同，牛们如何能不盼望呢？所以又有俗语说"牛过谷雨吃饱草，人到芒种吃饱饭"。

以前，耕地播种主要靠牛、马、驴及一些大的畜力，农人说它们虽是哑巴畜类，也都通人性呢，把它们当作朋友，对其爱护有加。所以，过去清明这天早晨，胶东地方有吃高粱米稠粥的习俗，人们会在饭熟后先盛一碗喂这些大型牲畜以示犒赏，并有俗语说"打一千骂一万，忘不了清明吃干饭"。

"老牛巴谷雨"是起兴，后面还有一句是"懒老婆巴四十"，意思是说懒女人盼着早点儿到四十岁。过去，劳动强度大，加上生活条件差，农村妇女到了四十岁就有些老态了。由于婚嫁年龄早，有的人到四十岁就已经使唤上了媳妇，"多年的媳妇熬成了婆"，这是许多女人"翻身"的时刻，由被人使唤到使唤人，是从前的女人们一生中的一个质变，有了媳妇，许多活计就不用做了，日子就会更舒服一些，于是便有了这句"懒老婆巴四十"。

"老牛巴谷雨，懒老婆巴四十"，前一句说的是农时，后一句说的是人时。俗话说"人过三十，草过天时"，意思是人过了三十岁就和植物过了旺盛期一样，就没有了出息，没有了奔头，只能往后萎了。想来的确如此，三十岁还是好时候，过了四十岁就不同了，尤其是眼睛，最早感觉到变化，有俗语说"四十三，过眼关"，这时候眼睛就开始变花，即使不花，也觉得不像从前那般明眸善睐了。尤其是晚上，看东西时间稍微长点儿，就觉得累，越使劲看越看不清，时间长了还会干涩或流泪。

四十岁尚且如此，五十岁会是什么样子？过去，"知天命之年"是老年的开始，过了五十岁过生日就可称作"做寿"。古时候，人们的平均寿命仅三四十岁，能活到五十岁已是不易，所以从前"年过半百"就给人很老的感觉，杜甫诗里说的"人生七十古来稀"被人们当作千百年来的定论，八十岁以上已是"耄耋之年"，活到百岁那更是"人瑞""寿星"。

可是现在，人们生活水平提高了，也开始注重保养自己，七八十岁的老人依然可以是年轻态，百岁老人越来越多，人们已经不能仅从面相体态上去判断一个人的年龄了。显然，这句俗语有明显的时代性，况且，现在对年龄的界定与以前也大不相同，世界卫生组织根据现代人生命状况提出：凡在四十五周岁以下的为青年，六十周岁以下的为中年。专家研究的新见解说，无论是从生理还是心理角度看，八十岁才是老年的开始。果真如此的话，人们真的就是越活越年轻了，就像那句广告词里说的："今年二十，明年十八。"

老嫂比母

民间有俗话说"长兄为父，长姐为母"，是说一母同胞的兄弟姊妹中，当老大的有承担家庭的责任，应当关心爱护弟弟妹妹，帮父母拉扯这个家。其中隐含了当兄长的不仅要照顾弟弟妹妹，还要肩负教育、培育的责任。在为人处事、处理家庭关系、孝敬父母等方面也要给弟弟妹妹做好表率，起到维系整个家庭的作用；当然，弟弟妹妹们也以大哥大姐为榜样。所以一个家庭里面，常常是大哥大姐会为弟弟妹妹们做出些牺牲，长大后，弟弟妹妹也对大哥大姐终生感恩。

由于兄弟姐妹之间有至亲的血缘关系，所以"长兄如父，长姐如母"显得很自然，但民间还有一句话是"长兄为父，老嫂比母"，句法上，"兄"与"嫂"相对，"父"与"母"相对，很是顺理成章，但重要的是这话有其形成的时代特点。过去的人十七八岁结婚很正常，甚至还有更早的。结婚早，生育也早，又没有计划生育，所以每家基本都是五六个孩子，多的有十个八个的也很常见。大哥比最小的弟弟妹妹大接近20岁的多的是，好多媳妇过门后跟婆婆一起坐月子，这就导致了有的小叔子小姑子比自己侄子侄女还小。若是婆婆奶水少或不幸去世，嫂子更是拿小叔子小姑子当自己孩子一样对待，给予母性的温存与关爱，甚至有的小叔子小姑子还是吃嫂子的奶水长大的。如此，嫂子对弟弟妹妹就有了养育之恩，"老嫂比母"的说法更加合情合理。京剧《赤桑镇》里的包拯，就是因为想到当年嫂子对他衣食照料似亲娘一般，才使他在情与法面前犯了难。剧中包拯的一声"嫂娘"叫得肝肠寸断，也更显出包拯的公正无私与义薄云天。

小叔子对老嫂子如同孩子对母亲的依赖，嫂子对照顾与自己孩子年龄差不多的小叔子也习以为常，加上小男孩儿天真烂漫，顽皮好动，如此，在民间就形成了一条不成文的规矩，老嫂子跟小叔子间可以随意开玩笑、打闹，没有人会说什么，所谓"嫂子小叔没大小"。相反，如果是弟媳妇与大伯子哥之间，则是话都不可多说，有歇后语说："大伯子背兄弟媳妇过河——吃力不讨好。"不仅不能背，还要主动避嫌。比如，大伯子哥在的场合，弟媳一般要躲避，大伯子哥见弟媳在，也同样要回避，这样的生活场景在乡间比比皆是。因为大伯子已是成年人，加上大伯子的身份仅次于公公，作为弟媳，只能敬而远之，不能造次。封建时代，男女之间授受不亲，妇人不能与丈夫之外的其他人言语，家庭中又讲究长幼尊卑，因而，"老嫂比母"这句话中的关键字在"老"上，而"嫂子小叔没大小"也仅限于年龄相差悬殊的叔嫂之间，否则还是要讲究长幼有序的礼节。

《论语·学而》中说："孝弟也者，其为仁之本与！"儒家礼教历来将孝悌并举，认为孝敬父母、兄弟友爱即为仁义的根本，"老嫂比母"表现的是家庭中的人伦秩序，那就是大让小、小敬大。弟弟妹妹对嫂子如对母亲般尊重，嫂子也需要有母亲的胸怀去关爱弟弟妹妹。可见，语言的生成，不仅有深厚的时代背景，也是对生活现象的典型概括。

姥姥不亲，舅舅不爱

出嫁了的女儿生育的子女，娘家人叫"外"甥（女）。有俗语说："姥姥不亲，舅舅不爱。"字面意思是说，姥姥和舅舅不疼爱自己的外甥（女）。今天看这话，于情于理都有些说不通，姥姥和舅舅这可都是女儿最亲的娘家人，姥姥自不必说，舅舅也被称之为"亲娘舅"，这两个人怎么会不疼爱自己的外甥（女）呢，是真的不亲不爱吗？

问题应出在舅母身上，是因为舅母才不敢亲不敢爱。舅母，也称妗子、妗母、舅妈，是舅舅的妻子。虽然自古有"儿郎的江山，闺女的饭店"的说法，说闺女回娘家吃饭是天经地义的事情，但宗族社会，嫁出去的女儿再回来就是客，虽说是回自己父母的家，但性质已变。如果是姐姐的话，弟弟没有成家的时候还行，如果哥哥和弟弟成了家，就不好常回去，更不能长住了。女儿不能回家住，孩子有时候会去姥姥家住些日子，但短时间尚可，时间长了，勺子也会碰锅沿，更何况原本生活寒俭，家里又多了张嘴，简直不亚于虎口夺食，有些计较的舅母不高兴也在所难免。心里有了想法，脸上也就不好看了，轻则打鸡骂狗，重则鸡犬不宁也是有的，加上民间有出嫁的女儿在娘家长住会影响兄弟的日子的忌讳，舅母自然更不情愿大姑小姑回来住。

儿歌中的拉锯歌，几乎所有的孩子小时候都听过也说过，一般是大人拉着幼儿的手臂，一推一拉做拉锯状，一边推拉一边教给孩子说。以胶东地方拉锯歌的几个版本为例：

咮锯，割锯，割倒姥娘家大槐树，姥娘不给饭儿吃，打窗窝偷鸭蛋儿吃，鸭蛋没有清儿，上南园偷小葱儿，小葱没有白儿，夹吧夹吧两眼泪儿。

拉大锯，扯大锯，拉倒姥娘槐树，姥娘不给饭吃，上树掏个鸦鹊蛋吃，烧也烧不熟，煮也煮不熟，急得小孩一头汗……

咮大锯，拉大锯，割倒姥家的大槐树。槐树倒了，木匠跑了。姥娘不给饭吃，抓着鸭子抠个蛋儿吃，姥娘不给草儿烧，抓着鸭子薅个毛儿烧……

温饱不能解决的年代，对于贪嘴的孩子而言，美食就是最大的欲望与满足，以上三首儿歌中都提到了姥姥不给饭吃，姥姥不可能不给自己的外甥（女）饭吃，只能是顾忌媳妇而不敢给，当然也不排除有的奶奶偏心自己孙子（女）的原因。这些儿歌里有打趣玩笑的成分，但也见亲情的冷漠。冷脸冷眼难看，冷言冷语难听，稍大一点儿的孩子自己就能感觉到，心中的悲苦回家会说给母亲听，母亲自然心疼孩子，也难免生嫂子或弟媳的气，于是儿歌中就有了对舅母的怨恨和诅咒。

> 花狸猫，上屋脊，妗子不给外甥吃。娘呀娘，咱家去，擀上饼，杀上鸡，活活馋死俺妗子。

> 哧，嘎，扯大锯，哧，嘎，拉大锯。你这个舅舅有力气，割你姥姥家大槐树，做板柜，打笸屉，做锅包子是肉的，焖干饭，熬鲅鱼，撑得你妗母不上去驴。

拉锯歌是流布最广数量最多的儿歌之一，各地都有，异文也很多，无论是大人编的还是儿童自己编的，都说明外甥（女）住姥姥家是普遍现象，"姥姥不亲，舅舅不爱"曾经也非个例。毋庸置疑，无论作家文学还是民间文学，其源头一定是生活。拉锯歌是游戏歌，也是生活歌，其中折射出时代的特点、家庭的关系与矛

盾，是曾经生活的写照，而实际生活中的案例也许远比这些儿歌中所唱的还要残酷，在利益面前，血脉相连的亲情也常淡薄如纸。

临时抱佛脚

每到高考季，全民话高考。虽说人生不能以一次考试的成败论英雄，但这场不知改变了多少人命运的考试，一直以来被国人看得至关重要，高考是多少过来人不愿触及的回忆，更是身处其中的学子无以言说的痛，为了高考顺心如意，不少人会想到寄托于神明的护佑，以期金榜题名。

几乎每个学生都不止一次被老师或家长苦口婆心地规劝过，要把功夫下在平日里，不要"临时抱佛脚"。这句话完整地来说是"平时不烧香，临时抱佛脚"，其中道出了国人求神拜佛的功利性特点，说的是平时不管不顾，遇到事情了方想起求佛祖保佑。我国民间的信仰为多神信仰，因而这里的"佛脚"并不确指，可泛指各路神明。古时科举为的是博取功名，所拜自然应为主司科场功名的文运之神。

民间拜的科举神主要是孔子、文昌帝君和魁星。孔子为万世师表，被尊为至圣先师，旧时各地都建文庙以祀。民间历来认为有了功名做了官的人都不是普通人，是天上的文曲星下凡，禄星属于文昌星之一，因而民间崇拜天上的文昌星神。元仁宗时封张梓潼为"辅元开化文昌司禄宏仁帝君"，道教将梓潼神与文昌神合为一神，为文昌帝君，民间广建文昌塔、文昌庙、文昌阁以祀之，后人又将蛇神、龙神与文昌帝君重合，尊奉其为雷泽龙王，使文昌帝君声威大震，成为影响全国的掌管人间福禄的神祇，建筑上也用来做逢凶化吉和镇宅之用。而这魁星指的则是北斗七星的前四星，主管功名禄位，魁星里的第四颗即文曲星。道教尊魁星为主宰文运的神，作为文昌帝君的侍神，成为封建时代读书人于文昌帝君之外最为崇信的神。据传七月七日为魁星诞，古时我国东南一些地方，七夕夜女子拜织女，男子拜魁星，各有所求。

中国很多地方都建有"魁星楼"或"魁星阁"，其正殿塑魁星造像。魁星的形象因"魁"字的字形而造，"魁"字，"斗"形"鬼"声，因而我们现在看到的魁星像都是奇丑无比如鬼一般的样子，右手握朱笔，左手持一只墨斗，右脚金鸡独立，脚踩在海中的一条大鳌鱼的头上，意为"独占鳌头"，左脚扬起后踢，踢向上方的北斗七星，是为"魁星踢斗"。各地所建魁星楼、魁星阁一般正对学堂门口，希望当地的学子们中得"魁首"，"一举夺魁"。

古人拜魁星，源于自然崇拜里的星象崇拜，祝福祈愿本无可厚非，但若将自己的未来仅仅寄托在神灵的护佑上，而不做任何努力，就过于荒诞而不切实际。所有的努力都没有白费的，所谓"功到自然成"，没有努力过就不要指望天上会掉馅饼，不要抱怨命运对你不公。等到要考试了才想起该念的书没有念，才感觉到光阴不能倒转，已然是悔之晚矣，这时候拜什么神明也来不及了。古人早有言："少壮不努力，老大徒伤悲。"今人也有话说，世上卖什么药的都有，就是没有卖后悔药的。

六艺与各习一经

"六艺"，书本上告诉人们有两种解释：其一是指我国西周时期学校教育的基本内容，即礼、乐、射、御、书、数；其二是指先秦儒家教学使用的六种典籍，简称诗、书、礼、乐、易、春秋。

其中，第一种解释即是指六种技能，即礼（礼节）、乐（音乐）、射（射箭）、御（驾车）、书（读书写字）、数（算术），西周时学校里教授这些技能，旨在提倡人的全面发展。与之有关的成语有"六艺精湛""六艺精通"，意指某人为多才多艺之人、博学全能之士。

胶东方言口语中也有"六艺"一词，取的就是第一种解释。世上多卧虎藏龙之地，哪个村子也不乏几个能人，他们或机敏过人，或眼界高远，或知文晓武，或治家有方，或致富有道，等等，不一而足。说起这些人，本村或十里八乡的人都会竖大拇指，称之为"有六艺的人"。而对于某人一时的懦弱、胆怯，人们也常会善意地讥讽一句："平时的六艺都到哪里去了？"其用法相当于普通话中的"能耐""本事"等词。实际上，说这话的乡人们并不懂得书本上"六艺"的含义，这一说法却在他们口口相传了三千多年后，仍然保留了它的原意。

"六艺"的第二种解释是指六本经典古籍，即《易经》《尚书》《诗经》《礼记》《乐经》《春秋》。唐代韩愈对一个好古文行古道的十七岁少年李蟠大加称赞，说他"六艺经传皆通习之"，并写了那篇著名的《师说》赠他，这里的"六艺"即是指的这六本书。此"六艺"又称"六经"，同样，村人说某人只在某一方面有专长，特别在行的时候，就说是"各习一经"。无论是"有六艺"还是"各习一经"，都是乡人眼里佩服的能人，也是希望自己可以成为的人。

想来这"六艺"和"各习一经"的历史可谓久远，乡言村语中其实有着许多古雅之词，只是后来说的人不知其古雅罢了；另外，随着许多民间语言的消亡，不是听过说过的人也不知其根底。如今，"六艺"这种说法，在乡间也只有中年以上的人懂得意思并会用这个词了。

六月六，吃兔肉

农历六月六日也是一个民俗节日，过去在这天，人们要把衣服和书籍拿出来晾晒，称为"晒衣节"，从皇宫到民间都把各种东西拿出来晒，宫里晒龙袍，百姓晒布衣，寺庙晒经书。夏天紫外线强，杀菌消毒除燥，夏季晒衣书是一种传统风俗，汉代在七月七日，以后逐渐演变为六月六日。宋真宗还假托此日天书降，称为"天贶节"。《宋史》载："真宗大中祥府四年诏，以六月六日天书再降，定为天贶节。"

六月六这一天最主要是一个生产性节日，或说农祭日。南方一些少数民族流行在这天庆祝新米丰收，过六月六节，又叫吃新节、新米节或尝新节，有的还举行"祭地母"仪式，求地母去灾赐福，五谷丰登。由于气候温度的差异，南方在六月六的时候新米已丰收，而北方的谷子刚刚开花，因而北方有"六月六，看谷秀"之谚，这一天北方流行晒衣服、人沐浴、看谷秀、请姑姑的习俗，有的地方六月六又叫姑姑节，将出嫁了的女儿请回娘家小住。北方谷子虽没成熟，新麦倒是上场了，因而六月六也是北方民间祭祀山神和给麦王过生日的日子。山东农村过去这一天要祭拜祖坟或土地神，饮食上以各种面食为主，有的吃面条，即墨吃凉面，意在"六六大顺"；海阳等地，家家蒸新麦馒头供于庭院，谓之"献新"。长岛、荣成、牟平吃包子，民谣说："六月六，看谷秀，碗大的包子一包肉。"莱阳吃水饺（箍扎），俗语说："六月六，看谷秀，不吃箍扎光臭头。"

六月六吃兔肉，是乳山、牟平、栖霞等地的习俗。吃兔肉，不是吃真的兔子，而是吃面兔子，即用面蒸成兔子的形状。关于蒸面兔子，看过一些说法，多为传说，过于牵强附会。《诗经·周颂·丰年》："丰年多黍多稌。"黍、稌二字统称指黍、稻、谷、穄、稷等禾本科作物，此类作物多于六月间结成胞粒，所以有"稌生日"之说，后来当讹为了"兔生日"。访当地乡人，便说六月六是"兔生日"，说这个时节野兔多、害虫也多，会对庄稼造成伤害，而蟾蜍能吃害虫、保护庄稼，所以胶东在六月六既蒸黄面兔儿又蒸黄面疥疤儿，可谓两者兼顾，此种对民俗实用性的解释当为最接近民间的本意。并且兔与蟾蜍历来就有联系，《淮南子》里记载嫦娥飞上月亮之后变成了月精蟾蜍，可后来的传说里没有了蟾蜍而有了玉兔。屈原《天问》有"夜光何德，死则又育。厥利维何，而顾菟在腹"的诗句，有一种解释说，蟾蜍原来叫"顾菟"，"菟"与"兔"同音，"蜍"与"兔"音近，因而蟾蜍才成了玉兔。

六月六这天，乳山、牟平、栖霞等地的许多人家都蒸面兔子。心灵手巧的农家妇女各显手艺，用白面做成各种形状的兔子，做一对长耳朵，按两颗红小豆（赤豆）做眼睛，剪一个小三瓣嘴儿，捏一个小短尾巴鬏鬏，一只只兔子就活灵活现了，或蹲或跑或躺，或两只相傍而卧，或将一只小兔子放在大兔子背上，做成一对母子兔，形态各异，情趣横生。黄色因有辟邪祈福之用，人们会去园里采来新鲜的百合花蕊揉到面里，白面团转瞬就变成了黄面团。出锅时，暄腾腾的面兔子，白的雪白，黄的娇黄，丰腴肥硕，憨态可爱，真可谓一锅肥美的"兔子肉"。这锅"兔子肉"在当天中午全家人吃一顿之后，所剩就不多了，大人舍不得吃，就分给家里小的孩子自己保管。困难年代，这些面兔子在孩子的眼里是难得的宝贝，大多十分珍惜，总也看不够，总要放几天后才舍得吃掉，可爱喜人的面兔子、面疙疤儿们给长在艰苦年代的孩子们带来了太多的欢乐。

过去生活艰难，胶东农村平时都是白面与黑面夹合着吃，没有人家会平白无故地蒸纯白面饽饽，就是过年过节也只是蒸少量用来待人接客，壮壮面子。而六月六这天人们却舍得用纯白面来蒸一锅面兔，就是因为新麦刚上磨，人们心中对新粮入

囤充满了喜悦，为了庆贺丰收，没有别的形式，就用了这种最简单的做一顿面食的方式来表达，这与南方的"吃新"或"尝新"是同样的含义，其中也包含了对土地、对粮食的一种感恩。

驴子是个怪

有俗语说："驴子是个怪，骑着倒比牵着快。"生活中人们说某人不会顺人意，总跟人拧着干，也会说一句"属驴的——牵着不走，打着倒退"。两句俗语都是一样的意思，说明驴这种动物的确是有个性。

在人们的意识中，似乎形成了一个共识，那就是驴的脾气倔，"犟驴""倔驴""驴脾气"说的都是驴，也用来说人，但更多的时候并没有骂人或不尊重的意思，反而是一种嗔怒或昵称，常听哪家的媳妇会言语中充满了爱意地对人家说自己的丈夫"我们家那口子就是个犟驴"，或者说自家孩子是个"小野驴儿"等。这一类的俗语很多，说某人吃软不吃硬，会说他"属驴的——得顺着毛摩挲"；说一个人性格温和，但偶尔也会有发脾气的时候，就说他是"秃驴不拔橛，拔橛子咬满山"。

驴的脾气虽然如此倔，却并不妨碍人们喜爱它。驴有黑、灰、白、乌等色，俗以黑驴最有力气，黑驴一身乌黑却粉鼻子粉眼儿粉蹄子，尤其讨人喜欢。在所有的大型畜力中，驴子似乎比别的牲畜更与人亲近。过去，驴子是人们生产、生活中的得力帮手，驴子为人们的生活提供了很多的帮助，搬运、拉车，甚至推磨、压碾也都有驴来参加，给驴带上"嚼子""眼罩"，沿着磨道转圈，因而有"上了磨道的驴"的说法，比喻人上了套，不得自由，并有一个歇后语"磨道的驴——听喝的"，更有"卸完磨杀驴"的悲壮之语。

毛驴食量小，便于饲养，又性情温顺，最适合骑用。在曾经很长一段时期里，驴子是常用的交通工具，可以说就是当时的出租车了。读书人骑驴，就有了"骑驴看唱本——走着瞧"的歇后语，就连那八仙之一的张果老的坐骑也是驴，尤其是走亲戚的妇女多半骑毛驴，靠赶驴送客的人，名为"赶驴脚""赶脚的"或"脚夫"，在城里成为一种职业。小媳妇骑着毛驴回娘家的情景在乡间更是随处可见：打扮光鲜的年轻媳妇骑着小毛驴，怀里抱着一个花包袱，或者是抱着孩子，肘腕处挎着个一个花包袱，旁边是她的丈夫或是兄弟为她牵着驴，行走在田间小路上，形成一幅美丽的乡村风俗画，定格在时代的影集里。

生活中的场景移到了舞台上，就是生动有趣的民间小戏。《王小赶脚》里那个回娘家的二姐，和赶毛驴的少年一路说笑、逗乐、打情骂俏，令人乐不可支；移到了民间歌舞中，就是秧歌。"跑黑驴"，也叫"耍黑驴"，是秧歌中一个欢快的组成部分。胶东秧歌中的"跑黑驴"，是一个穿红着绿的小媳妇将驴子道具套在腰间，貌似骑在驴上，表演着各种动作，旁边有一个牵驴的，后面还跟着一个拾粪的老汉，手提粪篓子，拿一把铲子，时不时地做捡拾驴粪状，有些能闹洋相的老汉还会拽起驴尾巴接驴粪蛋儿。"小毛驴"表演上坡、下坡、过河等情节，腾挪闪跳，趣味盎然，观众们就随着小黑驴的前仰后合、就地打滚，一起激荡着心中的快乐。

曾经的时代，驴子与人们的关系密切，因而也诞生了如此多的与驴有关的民间语言。现在，城里的驴已不多见，只是在边远的乡村，有时候还会看到一头小毛驴拉着地排车，上边坐着一个戴草帽的老汉，随着车子悠哉悠哉地晃悠，虽不倒骑，也颇有点儿张果老的味道。在被称为"电驴子"的摩托车也已过时的今天，人们都开上了四个轱辘的汽车，对于驴的回忆，只有在乡间欢快的秧歌队伍中，在红绸翻飞的"跑黑驴"表演中去找寻了。

萝卜不济，辈（背）儿大

萝卜白菜，虽不是粮食，但可做许多菜品的食材，尤其是普通百姓一个冬季的当家菜。萝卜古称莱菔，能帮助消化，有一定食疗价值。因而有俗语说："萝卜就饭，家得万贯。"

稼穑皆有时，萝卜同其他作物一样，也有自己的种植和收获时间，胶东有农谚说"中伏萝卜末伏菜"，是说中伏种萝卜，末伏种白菜；萝卜白菜的收获也较晚，是作物里最晚收回家的，农谚说"立冬萝卜，小雪白菜"。

过去胶东主要种植的是绿萝卜，差不多有四分之三的部分长在土里，因此需要土层深厚，萝卜才能长得直溜，所以种萝卜一般要起高垄，也就是说种萝卜的垄背要高。虽说垄背高不一定萝卜长得好，但不起垄或垄背低，萝卜一定长不好，所以民间有"平地萝卜，十个里面九个歪"的说法，即是说垄背矮根基浅，萝卜就会歪斜长不直，形状不好看。因此也就有了一句俗话，叫"萝卜不济，背儿大"。字面意思是说，萝卜长得不咋样，可是垄背高。"背"与"辈"谐音，于是人们便用这句俗语来说某个人即使再不堪，可是辈分高，也要另眼相看。

辈分，指家族、亲友之间的世系次第。过去，起名字都是按照辈分来起的，犯什么字各有规定。乡间很看重社会关系，有五服九族之说，五服是指血缘关系远近亲疏不同，丧服也不同，由亲至疏依次是：斩衰、齐衰、大功、小功、缌麻。而《三字经》对九族的说法是："高曾祖，父而身。身而子，子而孙。自子孙，至玄曾。乃九族，人之伦。"即以"自己"为中心向上数四辈，为高祖、曾祖、祖父、父亲；向下数四辈，为儿子、孙子、曾孙、玄孙。父辈以上为长辈，与自己一辈的为平辈，子辈以下为晚辈。无论岁数大小，只要辈分大，就是尊长。一个家族之中，辈分最高的人往往有着绝对的权威。

　　在乡间，不以辈分称呼人，不仅是目无尊长，不懂礼道，甚至是没有家教，如有的人在街上碰到了，不带称谓就说话，人们就会说："看他大模式样的，见了人都不会叫。"家族中如此，同村的人也要按辈分称呼，甚或四邻的村里，只要有自家亲戚的，都会摆一下辈，只要能摆上辈分的都会以辈相称。讲辈分，叫"论辈"或"摆辈"，有的姓氏自称谱系分明，说走到哪里也不乱辈，即使没有亲戚关系，都能找到上下辈的关系。

　　因为辈分大的人格外受尊敬，也就有人会因为辈分大而"摆谱"，也就有了"论资排辈"的说法，辈分高往往能享有一些特权，尤其在婚丧嫁娶等大的人生仪礼中，可以说就是对一个家族社会关系的大检阅，如宴请排席位等时候，辈分因素都要考虑进去。当有人没有得到他认为应有的尊重时候，就会说"萝卜不济，背（辈）儿大"，或"萝卜不济，背（辈）儿在"。这话可以用来自嘲，也可以是替旁人打抱不平时说。

　　由于各种姻亲关系，乡间人之间多沾亲带故，按辈分称呼，言语间自然觉得亲近了许多，这就是乡里乡亲。而常年客居他乡的人，称呼上则只能用不同地域通用的一些"向导辈"，如同找人问路一样，无论多大年龄，男的叫哥女的叫姐，上了年纪的叫叔叔阿姨，有的地方叫"老师"，有的地方叫"师傅"……"向导辈"叫得多亲，总不如七大姑八大姨地叫着亲切，即使是同样的称"叔"称"姨"，"向导辈"里仍是缺了浓浓的亲情和乡情。

萝卜不济，窝儿好

萝卜拔出来的时候，会在地上留下一个或深或浅的窝儿，因而有俗语说"一个萝卜一个坑"，或者"一个萝卜一个窝儿"。"窝儿"有巢穴的意思，于是又有俗语说"萝卜不济，窝儿好"，用来说家庭出身对于人的重要性，意思是说无论某个人好不好，只要他的背景好出身好就行。为什么会有这样的说法，跟历史上的门阀制度有很大的关系。

九品中正制使门阀之风盛行，士族政治将家族的贵贱、门第的高低作为选官品人、婚姻嫁娶的唯一标准，士庶分明，尊卑严格，"上品无寒门，下品无势族""官之选举，必由簿状；家之婚姻，必由谱系"，以至于造宗谱之风盛行，许多姓氏为了抬高自己的门第和郡望，习惯于与名门望族扯上关系，甚至攀附帝王、名臣为自己先祖。如有的李氏称李世民为本族始祖，张氏则以张良、张飞为自己先祖，萧氏则拉萧何为自己祖宗等，所谓"五百年前是一家"，以至于出现家谱造假的现象，也诞生了一种职业，谓"谱匠""谱师"。

一个家族或家庭对其成员的影响无疑是明显的，俗语常说"将门虎女""虎父无犬子""老子英雄儿好汉""龙生龙，凤生风，老鼠生来会打洞"，都是说优秀的家庭里子女也不会差到哪里。声望良好的家族大都信守"诗书继世，忠厚传家"一类的家训，以读书明理、勤劳诚实、温良和睦为家风。而百姓嘴里的"窝儿"好，在很大程度上也并不是指家族的显贵与权势，而是要看家风看品行，口碑好比什么都重要。

不可否认，有的人确实是含着金钥匙出生的，所谓"一出生就掉在富贵窝儿里"，家世的确会给人带来荣耀、财富和权力，就是人们所说的平台不同，不在一个起跑线上，但仅按家庭论一定是片面的，因为现实中常常还有另一种情形，那就是："寒门出贵子，富家多纨绔。"寒门之子饱尝生活的苦难，常会发奋图强，最终往往出人头地，成就一番事业，为家族增光；而富家子弟却因衣食无忧，从小受娇宠，缺乏进取心和坚韧的毅力，难成大器，因此败家之子也并不鲜见，躺在祖先的功劳簿上吃老本，家有十万宝藏也会坐吃山空，用家族的荣耀与光环为自己做的金钟罩很快就会脱落，反给家族蒙羞，所以有俗语说"富不过三代"，一定意义上说明富贵的延续性较难。

时至今日，家世仍然成为某些人炫耀的资本，现在出现的新词"官二代""富二

代"便是这种流俗的产物，但在公平、法制的社会，"我爸是李刚"照样受到法律的制裁、舆论的谴责。所以，为人父母，在爱子女的同时一定要把握好"度"，过分宠溺下长大的孩子，多自私骄横，只会享受，不知奉献。如今，"妈宝""巨婴"的出现，已经显现出现代家庭教育的某些问题。

人无法选择自己的出身，但可以靠奋斗改变自己的命运，所谓"英雄不问出身"，家族再显赫，终究还需靠自己的努力，不想起的阿斗任是神仙也扶不起。

买猪看圈

对于婚姻，很多过来人都会强调"门当户对"的重要性，家境之外尤其看重对方的父母和家风，即使是"父母之命，媒妁之言"的年代，父母也都希望未来的媳妇或女婿能顺心如意，因而，对未来亲家知根知底的就会放心许多，不知道的便明里暗里托人打听，一般打听的就是对方家庭的口碑如何、父母的为人怎样、有无不良嗜好等。对此，民间有一种说法叫"买猪看圈"。

过去，在还没有大量使用化肥的时候，胶东农村几乎家家养猪，一来可以卖钱贴补家用，二来攒粪庄稼地里用。由于养猪是那时农家主要的经济来源，所以一般是开春的时候买小猪（也叫抓小猪）回来养，养到秋后卖，或者留着过年时杀"年猪"。买来的猪仔有的好喂，很"泼食"，长得快，有的则很"娇"，不爱吃食或挑食，长得就慢，因而选猪仔很重要。猪仔的来源一是赶集买，二是一些生产队的饲养院里也会繁殖，三是从养老母猪的人家那里买。那时每个村里都有几家养老母猪的，这也成为人们买小猪仔的首选，因为自己村里的情况熟悉，又离得近，省力也省工夫，所以人们一般愿意到本村某个养老母猪的人家去买小猪回来养，为什么去这家不去那家，就得看谁家的种猪好了，也就有了这句"买猪看圈"。

婚姻有太多的比喻，猪和圈也是其中的一种。用买猪看圈来比喻婚姻中寻找另一半，话糙理却不糙。买猪为什么要看圈？因为一个人的成长离不开他的家庭环境，尤其是其父母的言传身教。如果家传和父母人品都不错，孩子应该也差不到哪里去。反之，亦然。不止看父母，还看家里的其他人，民间还有"耕地看拖拖，媳妇看哥哥"的俗语，"拖拖"是犁上的一个部件，同犁铲头在一条直线上，拖拖走得直，犁头则不歪。过去女子不能随意出门，不易见到。这句话的意思就是说找媳妇不用看女方本人，看她的哥哥就行了，就能断定这个女子的德行如何，以此断定两家能不能轧亲。

家庭对人的影响无须多言，一个人从小到大在那个环境里耳濡目染，价值观、消费观和生活习惯等都已成型，有道是：江山易改，禀性难移。如果想结婚以后去改变另一方，那基本上是妄想。因而，一般来说，年轻人谈了朋友后会去彼此家里见父母和家人，女方定亲前会有到男方家里"盼家"的环节，就是借机到男方家里做实地考察。

当然，凡事都不可绝对，人们对事情的看法从来都不是一维的，"买猪看圈"只是说一般现象，现实中也有例外，各种情况都会出现，因而这句话在生活中又有许多变异，衍生出不同的说法。

"看圈就错不了""看圈就不咋地"。前者是满意，后者是不满意。如果在热恋阶段，遇上家人在对方的家庭上提出异议，年轻人常会反驳说："买猪还得买圈吗？"会说自己是"买猪不买圈，看人不看家"，或者说"抓猪抓不了圈"，认为买猪不可能把猪圈也买下，只要将来跟自己过一辈子的这个人好就行，别的什么都可以不管。实际上不可能不管，婚姻永远都不只是两个人的事情，有些年轻人的婚姻矛盾，很多不是源于小夫妻，而是来自双方的老人，于是婚后有的人就会感慨"买起猪，买不起圈"，因为不仅要管父母，还要连带着管对方的全家人，甚至包括七大姑八大姨的亲戚，不管不帮就好像是无情无义，就是六亲不认，就是白眼狼。当然，也有的人认为"买起猪，就买得起圈"，既然选了这个人，那就得接受他的一切。与之相似还有一句俗话叫"抓起猪套起圈，娶起媳妇管起饭"。

现代社会，"凤凰男""孔雀女"的婚姻往往也会出问题，从某种程度上说，问题的根源也常在"圈"上。买猪看圈一定有它的道理，但是不是非要看圈不可，也不尽然。猪圈再好，猪本身有问题也不行；反之，再破的猪圈也可能养出品质一流的猪，有道是："自古雄才多磨难，纨绔子弟少伟男。"总之还需看个人品质。

婚姻，给人们带来了快乐也带来了苦恼，如何经营，各有手段。有人说如人饮水，冷暖自知；有人说就像鞋子，舒适不舒适只有自己的脚知道。无论何种比喻，都是只有一个屋檐下的夫妻俩自己才能感知个中滋味。

梅香是谁

在父母之命媒妁之言的时代，婚姻的缔结必须有媒人的参与，媒人有很多别称，如媒妁、掌媒、媒婆、媒妈、媒官、伐柯人、冰人、月老等，由于利益的驱使，原本成人之美的媒人名声一直不好，甚至成了说谎的化身。当然也不乏甘愿为他人做嫁衣的良媒，红娘就是其中的一个。

元代王实甫有杂剧《西厢记》，是著名的才子佳人戏，其中的红娘是个伶俐可爱的丫鬟形象。张生张君瑞与崔莺莺一见钟情，后来张生通过莺莺的丫鬟红娘为之传递情诗，两人私通。被发现后，老夫人拷问红娘，红娘机智地与之对答，说得老夫人哑口无言。最终在红娘的极力斡旋下，张生与莺莺有情人终成眷属。

家乡有一首歌谣，念道：

叭狗巴，你看家，我上南园撮红花。二亩红花没撮了，听见叭狗汪汪咬。咬什么？咬梅香。梅香来干吗？来给大闺女说婆家。说到哪？赵家庄。驴来驮，马来将。大开柜，大开箱，花缎子鞋十八双。公一双，婆一双，两个小姑两半双。留一双给老大伯（大伯子哥，丈夫的哥哥），老大伯不成材，挑着筐卖花鞋，卖两个钱好看牌。

这首民间歌谣叙事完整，颇有趣味，反映了曾经的婚俗。我们这里只说"梅香"，很显然，歌谣里说的这个梅香是媒人，可是为什么不直接说是媒人呢，梅香怎样就成了媒人呢，梅香又是谁呢？

梅香是丫鬟的名字，因为旧时多以"梅香"作为婢女的名字，所以梅香就成了丫鬟的通称，也就是说"梅香"既可以指某一个叫梅香的丫鬟，也是所有丫鬟的代称，在古典戏曲和小说中经常出现，据有人统计，仅《全元曲》162种杂剧中，就有38种剧将丫鬟称为"梅香"，可见使用频率之高。

元杂剧里还有一个如红娘一样的丫鬟，那就是郑光祖的《㑇梅香》，《㑇梅香》模仿《西厢记》而作，差不多就是《西厢记》的压缩版，演唐代裴度之女小蛮与白敏中的爱情故事，而主角则是婢女樊素，相当于《西厢记》中的红娘。剧中小蛮与白敏中私期暗约，樊素传书递简，最终也使有情人成了眷属，这个梅香和红娘一样聪慧机智。

　　至于为何单单是梅香，而不是春香或是秋香，明代李渔在《十二楼》里说："从古及今，都把'梅香'二字做了丫鬟的通号，习而不察者都说是个美称，殊不知这两个字眼古人原有深意：梅者，媒也；香者，向也。梅传春信，香惹游蜂……"李渔认为是梅香将公子小姐"向里向外牵合起来"，可谓一语道破。想那过去闺阁中的小姐，行动尚不能自由，贴身婢女就是最亲近的人，生活起居一切都需仰仗这个贴身丫鬟，若小姐与丫鬟情同姐妹，这丫鬟自然是最好的牵线人；而作为奴婢，伺候好主子则是应当应分的事；加上古代大户人家小姐贴身婢女的结局常常成了陪嫁丫头，做了填房，所以为小姐选得如意郎君，也关乎自己的前途命运，焉能不尽心尽力。

　　如此就可明了梅香们为何就成了媒人，也就明白了那首歌谣中的梅香是谁，民间文学和作家文学与民俗的关系就是这样

的密切交织。换言之,梅香就是媒人的代名词,红娘也是一个梅香,所以她做的不过是所有梅香都做的事,只不过由于《西厢记》太著名,这红娘后来就成了使用最广泛的媒人的代名词。如今,许多人还会给女孩子取名叫梅香,则是从"梅花香自苦寒来"中取字取意,早已与丫鬟无关;"红娘"也还在做媒,却已不再是丫鬟,而人间的男女也不必一定通过媒人才能结为良缘,两情相悦就可成了眷属。

男人发愁拔麦子,女人发愁坐月子

每到麦收时节,人们就会说起一句俗话:"男人发愁拔麦子,女人发愁坐月子。"过去,麦收是农村最忙最累最急的时节,叫三夏大忙季节。麦子成熟很快,眼看着还在泛绿的麦田,几个毒日头就一片金黄,所谓"麦熟一晌"。这个时节又多雨,常常要和老天爷抢时间,因而麦收就显得格外紧张,有"麦子焦了头,小姐下绣楼"的俗语,可见其紧张程度,而落后的抢收方法又使人苦不堪言。

20世纪60年代以前,胶东收麦子多用手拔。由于麦根不会很快腐烂,连根拔便于夏播夏种和后期的田间管理,并且可多收了麦根做烧柴。拔麦子就是用手把麦子一把一把地拔出来,一天下来，两只手都胀痛得不敢握拳，要是不戴手套或不用布条缠手，必然会磨出满手的泡。麦子拔出来还要把麦根上带的土摔打掉，或者用脚踢打，脚往往也会被里面夹杂的小石块、硬木棍或其他杂物扎破。"虎口夺粮"，有时候中午也不能休息，头顶烈日炎炎晒着，脚下热气腾腾蒸着，这种辛苦非亲身经历者不能感同身受。等回家的时候，满面尘土混着汗水，简直都看不出人是什么模样了。这期间还要往麦场上背、扛、挑、推，趁着中午、晚上打麦场，前后十天半个月的时间，用乡间话来说就叫"能脱落一层皮"。

男人发愁拔麦子，的确是因为太累太苦，可一般来说，女人坐月子，不用做活儿，还有专人伺候吃喝，应该是难得的舒服时候，可女人为什么要发愁坐月子呢？

女人生完孩子后，身体损耗很大，需要经过6周的产褥期，身体才会慢慢复原，乡村一般都是休息一个月，到孩子满月，满月酒后产妇生活就一切如常，所以叫坐月子。过去，物质匮乏，月子里也没有什么好吃的，小米粥和鸡蛋就是上好的营养品，却也不能常有，加上还要忌口，所以，以前的产妇坐月子并不能吃到什么高级营养品。民间俗信，产妇坐好月子除了调理恢复身体之外，还能治疗一些宿病，反之，坐不好月子就会留下病根。所以，坐月子有很多禁忌，如不能吹风受凉、不能洗澡洗头、不能吃酸的辣的，等等。于是大夏天也要坐在热炕上，还要捂得严严实实，甚至还要戴帽子围巾，这叫"捂月子"。其他月份还好，三伏天这样就受大罪了。而且早年间家里弟兄多，不少媳妇都住在厢房里，尤其是住东厢房最遭罪。东厢房面西，夏日骄阳似火，午后的温度又极高，西山日头会烤得东厢房如同火炉一般，民间称之为"西晒"，所谓"有钱不住东厢房，冬不暖，夏不凉"。由于保健不当和坐月子捂得太厉害，产妇和婴儿热出毛病甚至造成死亡的例子都不鲜见。所以，这里的"发愁坐月子"通常是指夏天。

　　所有的语言都离不开它产生的时代，时至今日，麦收全部机械化，收割小麦成了农村最轻快的农活儿；而生活条件好了，人们懂得科学地坐月子，而且有丈夫和双方父母陪护，有的人家还要请月嫂，如今的产妇坐月子，那可是真正的享福。

男人是搂钱的耙子，女人是攒钱的匣子

　　"男主外，女主内"，可以说是中国人普遍认可并接受的观念，《周易·家人》里有："家人，女正位乎内，男正位乎外。男女正，天地之大义也。"说的就是男女在家庭中各自的定位。过去由于女人不参与社会工作，因此，男女缔结婚姻关系后，一般就有了明确的分工，男人负责养家，女人负责持家，这也

有了坊间常说的一句话："男人是搂钱的耙子，女人是攒钱的匣子。"

说男人是搂钱的耙子，即是说男人要挣钱养家。胶东西部的蓬莱、黄县（今龙口）、掖县（今莱州）一带因有天然良港，向北出入京、津、唐，向南到青岛，往东北闯关东的人都很多，统称为"出外"，这些人多在外做生意，经营饭店、货栈等，生活富庶，因此，这些地方历来就有经商的传统，形成了浓厚的商业气息。以至于到今天，当地人称单位或企事业的领导还是"掌柜的"，妻子称自家的男人也叫"掌柜的"，可见历史上经商传统影响之深。

说女人是攒钱的匣子，是说女人应该节俭持家。男人对好妻子的最佳评语莫过于"贤内助"了，贤内助的标准是什么呢？《孔丛子·嘉言篇》里说要"上以孝于舅姑，下以事夫养子"，还要"主中馈""治丝执麻以供衣服，幂酒浆，具菹醢，以供祭祀"。即上要孝敬公婆，下要侍奉丈夫照顾孩子；要主持饮食、制丝纺麻织布做衣服，供应一家人的穿戴和铺盖，也要会酿酒、做酱来供应祭祀所用供品等，除了这些日常事务，还要照管打点人情往来，可谓里打外开。男人不在家的时候，女人在家里顶起了一个天。

这句俗语还有一个完整版是说："男人是耙子，女人是匣子，不怕耙子没齿，就怕匣子没底。"意思是说男人再能挣钱，还需女人会过日子；反之，用现在的话说，如果摊了个"败家娘们"，再多的钱财也会消耗殆尽。耙有齿才能归拢，匣有底方可盛装，耙子和匣子本是普通的家常器物，用在此处何其形象贴切！

与这句话意思接近的俗语还有"女人的包袱，男人的钱褡子""男人的口袋，女人的面缸"。前一句是从穿上说，女人的包袱不能空，过去女人收纳衣服布料都用包袱，包袱里需有一定的积攒；钱褡子是男人外出背在身上的钱布袋，钱褡子里当然要有钱。后一句是从吃上说，巧妇难为无米之炊，缸里有面，家人才能果腹；而男人口袋里有钱，在外场上遇事才会比较有面子。吃穿是最基本的生活保障，这两句话都是在说，夫妻二人各司其职，生活才能富足。

如今，女人不再依附于男人，有了独立的经济地位，不少女人比男人收入还多，这些俗语也失去了它原来生存的土壤，节俭也早已为当今的年轻人所不屑。时下有两句流行语很是耐人寻味，一句是："我负责挣钱养家，你负责貌美如花。"这可以看作是"男人是搂钱的耙子，女人是攒钱的匣子"的演化，男人依旧要赚钱养家，但女人却只管花了，有的女人也把这句话作为男人是否爱她的标尺；而另一句是："面包我自己能挣，你给我爱情就好。"这可以说是现代女性的爱情宣言，因为女人可以挣钱养家了，所以有不少男性选择回归家庭，专心当起了"煮夫"和"奶爸"，可谓是对"男主外，女主内"的传统家庭观念的颠覆。

难过的日子好过的年

随着正月十五闹元宵的锣鼓声消逝，年的身影也渐渐远去，人们的生活又从过年的节奏中恢复到常态，孩子们也收拾书包准备新学期了。虽说上班的上班，上学的上学了，但年带给人们的快乐还是在心里挥之不去，这个时候常会有人念叨："难过的日子好过的年。"年如何好过，日子又如何难过呢？

农历正月初一是春节，民间称之为阴历年，俗称"过年"或"过大年"，是我国民间最隆重最热闹的一个传统节日，过去有句俗话说"有钱没钱，家家过年"，无论条件怎样，年是要过的，曾有句形容某人家里赤贫的话是"都要过不去年了"。可以说，人们一年到头的辛苦就是为了一家老小能过个好年，可见人们对过年的重视。

从前，进了腊月门，过了腊八节，年的脚步就近了。有句俗话说"小孩儿小孩儿你别馋，过了腊八就是年"，也就是说，那时候的人们盼着过年，尤其是孩子。在食物匮乏的年代，只有过年跟着大人走亲访友才有可能吃上客饭，吃上瓜子花生糖果，放上几挂鞭。自家也是只有过年才舍得吃顿好饭，穿件新衣，所谓的好饭也不过是见点儿荤腥，条件好的人家还办弄几个菜，一般人家鸡或排骨炖锅粉条就算是过年了。过年讲究个"除旧布新"，因为新的一年一切从头开始，一切都是新的，为图吉利有个好彩头，一般的人家都会置点儿新衣服，有个新样子，大人无所谓，孩子们可不愿穿着旧衣服去拜年走亲戚。从头到脚都是新的自然好，但许多困难家庭做不到，因此，给这个买顶新帽子，给那个买双新袜子，给男孩子添双新鞋，给女孩子扯根新头绳，也算是"新"了一下。过年尚且如此，平日的生活是怎样艰难就不言而喻了。20世纪60年代以前出生的人，都有过吃不饱肚子的经历。尤其是到了春天，去年一秋的收成冬天吃得差不多了，新麦子还没上场，正是青黄不接的时候，如果家里再鸡飞狗跳，孩子哭老婆闹，这日子确实难熬，可谓度日如年。因此这句俗语的产生是源于对曾经困难生活的写实。

这句话还可用来感叹美好时光的短暂，过年期间可以不用辛苦劳作，大家一团和气，吃喝玩乐，这样的日子自然飞逝如流水，不等过就结束了。那么"年"有多长呢？在老百姓的意识里，年就一天，也就是除夕，过了除夕夜，就是过了年，就迎来了新的一年，所谓"一夜连双岁，五更分二年"。到初二晚上（有的地方是初三早晨），把年前"请"回家过年的祖先"送"回去，这就是"送年"了。烧完香纸，人们常会说一句："年这就算过去了。"这话里应该是五味俱全的。从这个意义上说年顶多就两三天的时间，这与一年三百六十五日比起来确实短暂，而有些勤快的人初三就开始干活儿了，短暂的休整之后是漫长的辛劳，所以说的确是"难过的日子好过的年"。虽说送了年，年就是过去了，但人们常常留恋过年的感觉，所以也有人说正月十五以前都是过年，所谓"过了十五过十六，过了十六照原旧"，意思是过了正月十五之后，一切如常，都要收收心了，该上学的上学，该外出做工的外出做工，当然也有的地方会一直持续到二月二，"年"才算真正"过"完。

这句话还常用来比喻要节省，别在过年期间铺张浪费，大吃大喝，所谓"别把好日子一天过了"，要细水长流；老人们也常用这句话告诫年轻人过年期间别只是贪玩，要会打算，要为新的一年做好计划。

现在日子好了，用老人们的话说天天都像过年，而对没有挨过饿没有受过冻的孩子们说起过去日子的艰难，他们就像听故事一样。有人说不是因为"春晚"，都没有了"过年"的概念；还有人说应该是"好过的日子难过的年"，意思是在不愁吃

不愁穿的今天，平日怎么过都行，过年则比平时更多了些忙碌和规矩。由此也可见语言与时代的关系，反映出生活的变化对语言的存续和理解影响之大。

你家有黄金，邻居家有戥子

戥子，又叫戥秤，是旧时专门用来称量金、银、贵重药品和香料的精密衡器，是一种迷你型的杆秤，以克为计量单位。戥秤的秤盘小巧，秤砣为黄铜或白铜；戥子杆，是戥子的关键，有骨质、象牙、虬角、乌木等，最好的是象牙杆，价值也高。因戥子的用料考究，做工精细，技艺独特，也是品位很高的收藏品。现在，戥子在一些药店里还能看到。生活中，对于细小的东西，人们多不甚计较，如果有的人非要计较，人们就会开玩笑地说一句"你不用拿戥子戥戥啊"，以示不屑或是不值得。

俗语"你家有黄金，邻居家有戥子"是说邻居家最知道你家的底细，无论是哪一方面，即使有黄金也瞒不住。这里的"黄金"只是一种指代，并不指实，"邻居家有戥子"极言了解的程度之大。当然这句话并不是说邻居天天盯着你家里看，但因为邻居间住得太近，或一墙之隔，或对门，或前后屋，不必有意，无意中就会看到或听到一些"私密"。若是再碰上一个喜欢关心别人家事情的邻居，那么你家的情况在他面前不能说是一览无余也差不多，因而又有俗语说："瞒天瞒地，瞒不了隔壁邻居。"人与人之间，有贫富差距，就有攀比，甚至会有仇富心理，因此"你家有黄金，邻居家有戥子"在一定程度上也表现了邻里关系的微妙，这一类表述邻里关系的俗语还有不少，如"亲戚盼好了，邻居盼倒了""穷不串亲，富不串邻"等，都体现了一些人性和心理。

没有人喜欢让别人知道自己的家底，不光不想让别人知道，甚至还要有意做些遮掩，所以民间还有一句俗语叫"财帛不外露"，即所谓的"财不露白"，也就是常说的不露富。有道是"不怕贼偷，就怕贼惦记"，天下无贼毕竟只是一个美好的理想。譬如出门在外，随身携带的钱财不要让人看到，更不要在人前显摆，居家也是如此，这种不露富在民间搬家这件事情上体现得很明显。

搬家，书面语叫"乔迁"。从前，胶东地方搬家都要看个黄道吉日，而且一般都在夜里搬，或者是白天搬些无关紧要的东西，晚上则自家人搬贵重物品。为什么夜里搬？说法之一就是为了避人耳目，不想让别人看见自己的家底，俗话说："破家值万贯。"这也是一种普通的大众心理，自家或穷或富都不想让别人知道，家境贫寒的怕寒碜，怕人笑话，但更多的是怕露富，怕招贼惦记。

过去，迁入新居后要贴一幅新对联："移来新舍寓，还是旧邻居。"表示新邻与旧邻一样亲。迁居停当，还要备酒饭请四邻，名为"喝邻酒"。人们自古就崇尚"择邻而居，睦邻而处"，邻里关系实在重要，有个好邻居会省心暖心许多，不仅在遇到困难的时候可以邻帮相助，还不至于天天被人盯着看是否"家有黄金"。所以人们说"远亲不如近邻"，又说"百金买屋，千金买邻"。

念喜歌

古时候，在生老病死、婚丧嫁娶等一些重大事件或仪式中，人们都要举行祭祀活动，祭祀时会念诵或演唱一些套语或歌谣等具有特定功能的仪式歌，这是上古时期巫术与宗教活动的组成部分。现在，这些仪式歌的巫术和宗教色彩淡化，成为一般民俗活动中的礼俗歌。

这些礼俗歌由于多表达祈福攘灾的愿望，所以其中多寄予美好吉祥的希望，尤其在一些喜庆的仪式上，还能活跃气氛，增添喜感，因而民间称之为"念喜歌"，形式上如歌词一样，也分节，也有重章叠句；因为有韵，念白时加上念诵的人拖腔拉调，就像唱歌一样，也叫"唱喜歌"。

这念喜歌，说白了就是说吉祥话，说一些喜主家喜欢听的话，讨个好口彩。如盖房上梁的时候，喜歌由木匠和瓦匠掌尺师傅两个人唱：

一个说："东家盖房真吉祥，亲朋好友来帮忙；大家团结共致富，明天更比今天强。"另一个说："社会主义是天堂，幸福全靠共产党；今年家家发大财，来年户户盖楼房。"

念喜歌没有一定之规，上梁的喜歌两位师傅可以你念一句，我念一句，也可以你念一段，我念一段，由一人念到底也无不可。喜歌的词，有一代代传下来的传统套路，也有即兴的作品，根据东家的实际情况现编现念。乡间哪个村里都不缺能说会道的人，时间长了就形成了一个类似于乡村司仪的职业，他们现场发挥，即兴编排，看到什么说什么，连家具、摆设都能说上一大套，说得喜主高兴就好，若看热闹的人给叫个好，就会说唱得更加卖力，愈发妙语连珠。

唱喜歌唱得最欢最多的是在婚礼中。单说婚俗的喜歌，就有梳头歌、铺床歌、撒帐歌、迈门槛歌、钉门帘歌、揎枕头歌、滚墩子歌、扇篦帘歌等，从结婚前一天，到迎娶新娘进门；从给新娘开脸、上头，到铺床、撒帐，差不多每个环节都有，表达的都是对新人的祝福，而且几乎都带有祈孕色彩。

如铺床歌："这张床，是新床，明天飞来金凤凰。这张床，真是美，四个金砖垫床腿。文曲星，武曲星，明年来到俺家中。状元爹，状元娘，状元的大娘来铺床。一年一个两年俩，三年头上去拜节，挤挤拥拥一大车！"

撒帐歌："一把谷，两把谷，浑家大小都有福。一个栗子一个枣儿，一个儿一个巧儿。两把栗子两个钱，两个儿子俩状元。"

钉门帘歌:"小门帘,红彤彤,八栋神仙在当中。门帘钩儿弯又弯,手拿金斧钉门帘。一钉金,二钉银,一钉钉了个聚宝盆。聚宝盆上双插花,××庄上第一家。"

喜歌的特点,一个是说好话,一个是重复说。虽说喜歌具有时代特征,但大多是重复相同的内容,或是稍加改动,基本模式不变,因此生活中如果有人老念叨一些相同的话,人们就说他"跟念喜歌一样,天天挂在嘴上";而有的人特别会说好听的,或者只拣好听的说,人们也说他"就会念喜歌""某某可不会唱喜歌去了",这里的"念喜歌"有报喜不报忧的意思,当为引申义。

喜歌人人都爱听,但念喜歌也需分场合,仪礼上念,表达美好的祈愿,又增加了仪式感;生活中,如果天天念喜歌,就不如去做点儿实事了。

女人的清明男人的年

胶东有"女人的清明男人的年"的说法，或者说"闺女的清明小厮的年"，"闺女"即女儿，"小厮"即儿子。意思是说女人喜欢过清明，男人喜欢过年；或者是女人的清明好过，男人的年好过。为什么有这个说法，还得从清明和过年的习俗说起。

先说"女人的清明"。古时，清明节、寒食节、上巳节是三个不同的节日，由于这三个节的节期接近或相重，所以后来就三节合一只过清明，但这三个节日的习俗却杂糅在了一起。如清明节又叫踏青节，而踏青的习俗就来自上巳节。

上巳节是古人的"修禊节"，也叫"禊祭"。每到这时，人们都要去水边祭祀，并用浸泡了香草的水沐浴，认为这样可以祓除疾病和不祥，古时称这种礼仪为"禊"或"祓禊"。由于可以去野外水边踏青游玩，古时的上巳节也是青年男女固定的欢会时节。在古人看来，凡事要顺天应时，春生夏长秋收冬藏的自然规律，不仅是自然界的变化，也是人应遵循的时令。春天是孕育的季节，也是恋爱的季节，因而青年男女也应在这个时节欢会游春，寻找伴侣，在清新的山水之间私订终身，即"上巳春嬉"。因此，有人说上巳节是中国最古老的情人节。

古时，妇女平日不能随便外出，清明是少有的可以外出的时间。阳春三月，春暖花开，正是出游的好时节。借着节期出游又名正言顺，所以女人们会在清明节期间外出踏青，尽情游玩。杜甫《丽人行》就有"三月三日天气新，长安水边多丽人"的诗句。天气和暖，可以进行户外活动了，荡秋千和放风筝也成了清明时节女人专属的运动项目，不用出门，在自家庭院里，就可以竖起高高的秋千架，放飞手中的风筝。

胶东西部的即墨等地有新媳妇坐寒食的习俗，结婚不超过一年的新媳妇要像结婚那天一样，在炕上坐着等人家来看。而其他的女人们这天也会换上节日的服装，打扮得漂漂亮亮，到那些新媳妇家去串门看她们"坐寒食"，看完再去荡秋千，据说谁的秋千荡得高，意味着日子过得好，于是，大闺女小媳妇们你争我抢，比着赛地玩，个个兴高采烈。

再说"男人的年"。过年最忙的时间是小年到除夕，那可真的是"忙年"，有歌谣唱："二十三，糖瓜儿粘；二十四，扫房子；二十五，炸豆腐；二十六，炖白肉；二十七，宰公鸡；二十八，把面发；二十九，蒸馒头……"全家人的吃穿用度，几乎都要经家庭主妇的这双手，因而实际上女人们比这歌谣里唱得还要忙，如蒸饽饽，要蒸自家人吃的、待客的、过年出门走亲戚的，岂止是一两天可以蒸完的；还要里里外外地打扫卫生，洗洗涮涮……可以说每一天的活计都是满满的，就是这样"脚不点地"地忙，有的甚至还要忙活到大年初一凌晨。而正月里家里来了客人，男人们陪吃陪喝，女人们不仅不能上桌，还要忙活做菜做饭招待客人，最后还只能吃点儿男人们撤下来的残羹冷炙。

当然，现在的情形已大为改观。所以有人会疑问，忙年的时候男人们去了哪里呢，为什么不能帮女人分担一点儿呢？男人们玩牌去了，男人们在大街上站墙根晒太阳去了，就是在家，有的男人也不会去干，因为在许多男人看来这都是家务活儿，就该女人们做，所以尽管是冬闲时节，男人们还是心安理得地当他们的"甩手掌柜"。一句俗语，可见男女地位之变化，可见风俗之移易，更可见时世之更迁。

女婿是高客

闺女结婚后回娘家是很常见的生活礼俗，胶东地方也叫"走娘家""走妈家"。结婚后回门是第一趟走娘家，以后每年正月都要回家出正月门；一年里按时把节也要回娘家，如端午、六月六、八月节、过年等，节前都要回娘家送节礼；赶上季节，下来新鲜美味的食物，也会送些回去孝敬父母，如春天下来鲅鱼，女婿要到岳父家送鲅鱼。其他时间，娘家有婚丧嫁娶大事或者农闲时候也会回娘家小住。

回娘家一般要携夫将子，出了嫁的女儿再回来就是客，就算闺女不拿自己当客，因为有女婿同来，娘家也要行待客之礼，就有俗话说"女婿是高客,伺候不好是刁客"。如何看出高了,从待客的规格标准上看。胶东人待客热情,通常客人进门,先上茶水、点心,叫"喝点儿水""烧水喝",或者说先"垫补垫补",以示热情。进门就先打荷包鸡蛋是最郑重最高级的礼遇,未婚女婿第一次上门和新婚后首次登门的女婿都是这种规格,所谓"女婿迈进腿,鸡蛋堵住嘴"。献茶、敬烟之后,热腾腾的荷包蛋也端上来了,荷包蛋必是双数,人们喜欢成双成对,四个、六个或八个,一般由老丈人作陪,家里鸡蛋不宽裕的时候,老丈人碗里的鸡蛋会比女婿还少两个。有儿歌唱道:"小叭狗,坐蒲团,养活闺女不上算。女婿来了打鸡蛋,外甥来了给压腰钱。"也是这种待客习俗的反映。

荷包蛋吃完,摆上事前炒好的花生、瓜子等,继续喝茶聊天。午饭是正餐,要备最讲究的家宴以飨客人,饭菜设置上,普通为四碟小菜,四盘炒菜;两荤两素为荤菜一肉一鱼,素炒青菜豆腐;又有四盘炒菜吃饺子的规格;丰盛则八盘子八碗。自古"杀鸡为黍"就是待客的美食,胶东地方正式的家宴也必须有鸡,第一道菜就是鸡,最后一道为鱼,所谓"鸡打头,鱼扫尾",寓意吉庆有余。所以又有俗语说:"新姑爷进了门,小公鸡掉了魂。"

乡间,鸡和鸡蛋就是上好的待客食品,都给女婿吃上了。生活贫困的年代,家里养鸡,主要是为了繁蛋,只有高客进门才杀鸡,可见规格之高。胶东地方待女婿的饮食特别之处还有"女婿饺子",结婚当天早晨依俗要包饺子给来宾吃,但给女婿吃的饺子与给众人吃的饺子不同,馅料单独调制,肉多馅精,饺子包得特别小，有平常饺子的二分之一或三分之一大，即使一口一个也不至于让新女婿吃相不雅。

再不才的女婿到了丈人门上也被待为座上宾，这"女婿是高客"说的是待客之道，但也体现了岳父母一种微妙的心理。说你高，是人家把女儿看得高贵，婿以女贵，是因为你关系到人家女儿一辈子的幸福，说得直白些，岳父母对女婿好，根本上还是为了自己闺女，希望女婿因为受到礼遇而厚待自家的"小棉袄"。因此这后一句的"伺候不好是刁客"，说的就是怕女婿犯刁对自己女儿不好，可见岳父母小心谨慎的心理。民间常戏言"丈母娘疼女婿"，人家疼的可不是女婿，疼的是自家闺女。俗话还说："丈母娘看女婿，越看越欢喜。"又说："新姑爷进了门，丈母娘喜塌了神。"看似是说岳父母对女婿光临的欢迎和喜爱，实际上人家高兴的是女儿回来了。所以女婿们莫要不自觉，觉得似乎岳父母天生就该好好伺候你。

说一千道一万，小两口夫妻和美才是为人父母最大的愿望，所以岳父母宁愿把女婿视为高客，因为那是要陪伴自己女儿一生的人，那是"一个女婿半个儿"。做女婿的也须知道荷包蛋不是白吃的，得知道自己的身份和肩上的责任。

盼　家

　　男大当婚，女大当嫁。在有媒妁之言的婚姻里，一般要经过相亲这个环节。相亲分两步，第一步是"看人"，也叫"过目""对看"，一般地点都选在媒人或邻居家里或任意一个双方都近便的地方，意思就是先互相看看有没有眼缘，如果没有，就没有了下文；如果有，下一步就是"看家"，所以"看家"仍属于相亲这一环节，是"看人"的延续。

　　在胶东，"看家"又称"盼家""认亲"，还有的地方叫"看场儿""上门儿"，或者更通俗地叫"媳妇来第一趟儿"，也就是说，女方这边对男方基本满意了才会去"盼家"，所以，"盼家"主要指女方到男方家里做客，一般由媒人带领前来，女方还可以像"对看"时那样，带着自己关系亲密的女伴或姐妹同来，帮自己代代眼把把关。

　　在这么多叫法里，"盼家"的说法最有意味也最准确，"盼"即"看"，但却更文雅含蓄，且多了一个"顾盼"义。是如何的一个看呢？那就是左顾右盼，是前后左右上上下下好好地看，因为之前已经看过男方本人了，这次主要就是看家，因此那是要四下里看的，而且从"看场儿、上门儿"的说法中更能直白地看出"盼家"的主要意图，即两个方面的内容，一是看家，二是看家人。看家，就是看男方家的家居情况，包括房子、家具、布局陈设等，说白了就是看经济实力；看家人是因为盼家的时候男方家里的主要亲戚都会到场，女方借此机会可以全面观察这户人家的为人处世、生活方式和家庭氛围。总之，说得直接些，盼家就是全面地实地考察，女方根据自己的视听来判断未来婆家的一切是否合自己的心意，用现在的话说就是是否与自己的三观一致。

男女双方都很看重这次"盼家"，女方会看跟媒人说的是不是相符，看男方家房子的大小新旧、屋内的陈设；看男方父母之间的感情，看他们待人接物的方式和对自己的态度，也包括看男方家里的其他人及亲戚，甚至能看到男方家的社会关系，如邻里关系、家族间的融洽程度等，当然也包括继续考察男方本人。这一切好与不好，细心的姑娘都会从中看出端倪，因为"盼家"而吹了的亲事并不少见，有很多姑娘就是因为盼家之后，感觉男方家不是正儿八经的人家或者不像过日子的样子而取消了亲事。也正因为如此，男方家更看重"盼家"这一程序，不仅要殷勤招待，还得做一番准备，譬如说收拾一下屋子，粉刷一下墙壁，添置一些新的家当，有的人家甚至会借了家具电器来暂充门面，将这个盼家环节应付过去，别的以后再从长计议。1989 年中央电视台春晚小品《懒汉相亲》中，潘富和魏淑芬的相亲就是生动而真实的生活反映。

女方的这次盼家，男方一般还要给"见面礼"，这是男方家人和亲戚第一次见女方，给的"见面礼"多少，可见男方家对女方的满意程度，有的女孩子也会从出手是否大方来判断男方家的条件和对自己的满意程度。也许有人会说女孩子过于拜金，还要通过"盼家"来决定是否结亲。其实对于这个问题不必偏执，社会学家早已将婚姻动机归结为三个方面：经济、子女和爱情。现代社会当然爱情排在首位，但任何人都不可否认的一点是，无论婚姻是否有爱情做基础，都离不开一定的物质条件。过日子光有爱情不行，不能靠着喝西北风度日，还需要有面包和水。最好的婚姻当然是嫁给爱情，希望所有的姑娘都能嫁给爱情，也就不必麻烦一趟先去"盼家"了。

婆婆眼

胶东传统民居的正房一般为一明间两旁间。明间建锅灶，做厨房用，又叫"正间"或"灶间"。两旁间盘有火炕，叫"次间"或"梢间"，做卧室用。有的在旁间两边各设一个套间（也有只设一个的），俗称"套房""里间"，多用来储藏粮食、放置杂物。

也就是说胶东人家的厨房在房屋的正中间，这是胶东传统民居与省内其他地方民居很明显的一个差异。一进家门，就是两个灶台，与东西间的火炕相连，所谓"胶东一大怪，进门俩锅台"。在正间与旁间之间会建一道壁子，锅灶上方的壁子上会打穿一个长方形的小洞，长约20厘米，高约30厘米，规格不一，一般是敞着的，有的人家会在靠炕的一面挂一个小布帘，不点灯时放下，防止油烟、蒸气、凉风进入。这个小洞就像在墙上开了一个小窗子，所以有的地方叫"窗窝子"。

窗窝子的作用有两个。一是放灯，因此也叫"灯窝子"，过去日子艰难，为了节省，晚上两个屋子就用这一盏灯来照明。一盏如豆的油灯，能有多少光亮供两个屋子照明，可是在微弱的灯光下，人们照样飞针走线，刷锅抹碗，什么营生也没耽误。二是可做瞭望用。人在炕上，听见家门响，通过窗窝子就能看到是什么人进了屋子，可以提前判断出来人的来意，决定如何接待，如果是重要的客人来，那得赶紧穿鞋下炕迎接。

窗窝子的位置离炕面有六七十厘米，也就是一个成年人坐着的高度，坐在炕头上，一转头，就可以看到灶间的一切。由于位置的恰到好处，使窗窝子有了另一个名称"婆婆眼"，在瞭望之余也衍生出了一个特殊的作用，那就是婆婆可以从这个小窗口里观察媳妇在灶间的行为，只要婆婆想看，媳妇的一举一动就尽收眼底，像监控探头一般。"婆婆眼"的叫法时代特征很鲜明，源于旧时代婆媳地位的不对等与婆媳关系的不和谐。过去，婆婆在媳妇面前有绝对的威严，媳妇只能唯命是从，致使不少家庭的婆媳关系恶劣。女人熬成了婆婆之后，尤其是上了年纪的婆婆，不再做营生，可以端坐在炕头上，家务活儿都交给了媳妇，甚至由媳妇伺候自己的起居。除了看，婆婆给媳妇递话吩咐事情，也可以通过这个洞眼来进行，据说曾有婆婆对别人说："俺那个媳妇拙，做饭的时候我都离不开婆婆眼。"也就是说婆婆可以通过这个窗窝子遥控媳妇做家务，锅里该放多少水，该挖几瓢面，菜洗得干不干净，是不是多放了油，是不是偷吃了饭菜……因为有了这个窗窝子，不管婆婆会不会时不时地看，忙碌着的媳妇也会觉得窗窝子那里有一双眼睛在时刻看着自己，不知道什么时候，自己就会被挑了毛病，因而便会处处小心，时时在意，就怕有了差池，惹得婆婆不满。因而，这"婆婆眼"里的媳妇实在是有些凄楚，说是监视媳妇一点儿都不为过，这名称里该有多少媳妇辛酸的泪水。

窗窝子、灯窝子、婆婆眼，从这三个名称里都可见时代的痕迹。现如今在胶东的一些老人家里仍可以看到窗窝子，但许多人家已经镶上了玻璃，而且这三个作用已然尽失，不必点灯照明，不必看来者是谁，更无媳妇可监视，"婆婆眼"已然成为过去时代的记忆。

七人八谷，九籽十成

根据征兆来预卜未知是古代民间信仰习俗中的常见形式。"兆"字本是从龟壳被火烧而出现的裂纹状象形而来，最初的占卜方法是依据龟裂形状的不同，来确定吉凶祸福，以后发展为对事物产生的某些征候、迹象或预示都视为兆，通常称为"先兆""预兆"或"兆头"。

根据天气的阴晴雨雪来预卜年成属于天象兆。据假托东方朔之名的《占书》里称："元旦之后八日，初一鸡日，初二犬日，初三豕日，初四羊日，初五牛日，初六马日，初七人日，初八谷日。"这八天，哪天天气晴好，就主着所对应动物或作物的年景好，否则则会不如意。

这种说法可以追溯到上古神话中的大神造人说。相传女娲造万物，先造六畜后造人。第一天用黄土抟出一只鸡，第二天抟出一只狗，依次又抟出猪羊牛马，这样，鸡犬豕羊牛马合为六畜。可是造出六畜后，因没有管理，鸡飞狗跳，牛羊也到处顶角打架，为了照管六畜，第七天女娲又造出了人，由人来管理六畜，让鸡司晨，狗守门，牛耕田，马拉车，羊满山，猪满圈，如此，六畜兴旺，井然有序。这是汉族人类起源与万物起源的神话。

正月初一到初十，每天对应一种动物或庄稼。胶东民间一直有这种根据天象来预卜的习俗。这种预卜，人们称之为"主"，乳山称"管"，文登称之为"收"，也就是说天气的征候主管着一年的好坏，收为好，不收为不好。胶东地方正月初一到初十的谣谚多是："一鸡二狗三猪四羊五马六牛七人八谷九籽十成。"各地根据当地的生产方式说法也略有不同，如乳山地方说"一鸡二狗三猫四鼠五猪六羊七人八谷九籽十成"，荣成是"一鸡二狗三猫四盐五马六羊七人八谷九籽十成"，文登地方则说初一到初九，分别收鸡、犬、猫、盐、马、羊、人、谷、油，初十则什么都管。其他，产棉花的地方就说"九豆十棉"，产苹果的地方就说"九果十菜"。

初一到初十的谣谚一般为人们耳熟能详，初十以后则多不见说，而烟台地方对正月十一到十三日的说法是"一上瓜果二上菜，三上好天管河海（三个"上"都发轻声）"，说的是正月十一管瓜果，十二管蔬菜，十三管河和海。然后就是十四主麦，十五主谷，十六主豆。

就这样，初一到十五，人们根据天气情况预卜一年各种动物或作物的兴衰或丰歉。后面的时间里，没有天气预报可参照的人们，常会在早晨看着天气议论一阵，说些"你看今天这个天气，今年的某某作物或动物会如何"等的话，甚至还会与前两年同一天的气象做比较；而将来到了收获的时候，往往又会说起这时候的征兆，说正月哪天的天如何应验等。这种预卜也影响到了生活习俗，因为"三上好天管河海"，就有与此相对应的乳山、海阳等地正月十三管海，以及蓬莱、烟台等地渔民送渔灯的习俗。

由于第七天造的是人，所以第七天为人日，既然是主管人的日子，人们也格外重视。南朝梁宗懔的《荆楚岁时记》载，人日这天，人们用七样菜做成菜羹；把五色绸或金箔剪成人形贴在床帐上，也有戴在鬓角处的；妇女还制花形首饰互相赠送，即戴"人胜"的习俗；还登上高处，吟赋诗歌。如果正月初七天气晴朗，则主一年人口平安，出入顺利。胶东有的地方初七包饺子，大多地方吃面条。有的地方还根据初七管人的说法，又衍生出来十七日和二十七日，说分别管小人、中人和老人，吃面条则是为了把人揽住，意思就是希望无病无灾，吉祥安康。

正月里这首预卜的歌谣，常被分开单说，其中，人们最为看重"七人八谷九籽十成"，因为这关系到人的安康，关系到庄稼是否籽粒饱满和收成好坏。新年伊始，人们以开头这些天的气象来预卜一年的光景，表达的是趋吉求祥的朴素心理，而"祈丰年"也是春节节俗的重要内涵之一，人寿年丰是人类共同的美好愿望。

七月七日天河配

天鹅处女型故事是我国著名的民间故事类型，其主要母题是说一个仙女嫁了一个凡间男子，是令不少男人所仰羡的"天仙配"。我国的民间故事中，家喻户晓的董永和七仙女的传说、牛郎和织女的传说都含有这样的母题。坊间百姓不懂得什么故事类型说，也不懂得什么母题，却给了它们最合适最准确的名字。"天仙配"专指董永和七仙女，而作为中国四大传说之一的牛郎织女传说，人们则称之为"天河配"。你说那牛郎和织女被狠心的王母娘娘一道簪痕，分离在银河两岸，从此每年只有七月初七这天才得以相见，由喜鹊搭桥，二人相会于银河之上，民间称银河为天河，可不是"天河配"又是什么。

"年年七月七，牛郎会织女"。七夕节始终和牛郎织女的传说相连，因而也具有了浪漫和美丽的色彩。牛郎织女的传说从古说到今，文学作品中，从《诗经·小雅·大东》的"跂彼织女……睆彼牵牛"，到古诗十九首《迢迢牵牛星》的"盈盈一水间，脉脉不得语"，到北宋秦观的《鹊桥仙》"两情若是久长时，又岂在朝朝暮暮"，更是将这种美丽与浪漫发挥到极致。

七夕夜坐看牵牛织女星，是自古就有的民间习俗。传说在这个夜晚，人们在瓜果架下细听，就能听到牛郎织女相会时的脉脉情话。更有无数的痴情女子在这个夜晚对着皎皎河汉祈祷自己的婚姻美满，希望能找到忠贞不渝的爱情。

近年来，有人把七夕称之为中国的情人节，似乎在这一天，恋人们之间的情感格外缠绵。人们在七夕之日会感慨、会相思，是因为感动于牛郎与织女间不变的感情。是的，永恒是人们对感情追求的最高境界，可世间又有多少感情能是永恒不变的？白居易在《长恨歌》中写，七月七日夜半，李杨二人在长生殿的梧桐树下，以牛郎织女为例，盟誓白头之约。白朴在《梧桐雨》中则借杨玉环发出"牛郎织女，年年相见，天长地久。世间谁得似他们情长？"的感慨，而事实上，她的三郎最终也还是背叛了她。世事万物时刻多变，现实中，不说几年，甚或几天，人心就会大变，曾经的海誓山盟都化作了烟云尽散，几人能做到初心不改，所以纳兰性德的一句"人生若只如初见"，才令无数人唏嘘感叹。

牛郎织女传说原本不过源于古人的星相崇拜，谁都知道，世上没有仙女，无论"天仙配"还是"天河配"，都只是人们的美好想象。可是每年的七夕，人们还是会念叨这句"七月七日天河配"，人们为牛郎织女的故事而感动，不过是对恒久不变的感情的一种向往与寄托。始于初见，终于白首，是人们理想的爱情样子，浮躁多变的现代社会，人们对待爱情，更需一份坚守，一份执着。牛郎织女每年七月七日天河配，可谓饱受思念之苦，祝愿人间相爱的人能够长相厮守，从青春到皓首。

墙倒了现出耗子

20 世纪五六十年代，社会上曾兴起过全民"除四害"运动，老鼠即是四害之一。由于老鼠的繁殖力太强，其本性又决定了它们对人类具有很大的破坏性，毁坏粮食、衣物、家具，传播鼠疫，甚至伤害到婴儿。老鼠的破坏性给人们生活造成了很大的影响，尤其在物品匮乏的年代，人们非常痛恨老鼠，希望根除鼠患，于是有"过街老鼠，人人喊打"之说，家庭多养猫来避鼠。

过去农村家里大都是土坯垒的墙，也容易打洞，所以大家几乎成天在跟老鼠打游击战，今天在这个墙边发现一个洞，堵住了，明天在那个墙角又出现一个洞，继续堵……人根本不知道在哪里就会冒出一个老鼠洞来，墙下面整个就是老鼠的地道一般，想在哪里打个洞都行，只看它愿不愿意。可以说家里的每堵墙下都有鼠洞，实在叫人头疼，真恨不得推倒墙看看这老鼠究竟打了多少个洞。因此，也有了一句"墙倒了现出耗子"的俗语。

这句俗话让人想起一个有趣的童话。从前，有一个老鼠爸爸，他一心想要将女儿嫁给世界上最有本事的人。他觉得太阳的本事最大，它的光芒能照遍天下，万物都离不开它。于是，他去找太阳，太阳说："本事最大的不是我，乌云来的时候，我就会被吞没。"他便去找乌云，乌云说："我的胆量也不算大，大风一来，我就要逃走的。"他又找到风，风说："你找错了，墙壁比我更强大，一碰到它，我也只好退回来。"他又找到墙壁，墙壁说："论本领你比我还厉害，你在我身上打那么多洞，说不定哪天我就会塌掉的。我看猫的本事最大，猫一来，你就没胆量打洞了，你还是去找猫吧！"老鼠爸爸便去找猫，这便有了老鼠嫁女的故事，结果是这个鼠爸爸亲自把鼠小姐送到了猫肚子里。

这个童话的意思一是说世上根本不存在所谓的"最伟大的人",每个人都有自己的优点和缺点,要理智地分析,避免盲目崇拜;二是说不能依靠别人,而是要自立自强。童话自然都是借事说理的,猫鼠原为天敌,鼠爸爸怎么可能把女儿嫁给猫,但生活中由于盲目崇拜自投罗网的事也是有的,依靠别人的也不乏其人。

"墙倒了现出耗子",是说墙倒了老鼠就无处遁藏,借以说事情总有水落石出的一天,真相总会大白于天下。老鼠不能永远靠墙来做自己的掩体,人也一样,不能总找靠山依赖别人,有俗话说:"有墙倚着,没墙立着。"又说:"靠山山倒了,靠人人跑了。"说的都是人,人须靠自己,只有自己变得强大,才可以无所畏惧,活得踏实。

巧木匠不如个拙东家

古时称各种手工业工人为百工,民间称匠人,能工巧匠在民间非常受尊敬,以至于有不少关于能工巧匠的传说,因为他们能够制作出人们需要的各种器物,造福千家万户。

在民间工匠中,木匠和瓦匠并重,用途也最大。旧时大型房屋建造多是以木匠为主,瓦匠为辅。因为建设时,基础完成后要先竖房屋上架，这叫"先干木匠活儿"，所以民间多说"大木匠小瓦匠"。其中加工梁、檩、椽、柱脚、门窗框等的叫上架木匠，做门窗扇、墙里木柜、窗台柜等的则称下架木匠，下架木匠较上架木匠更为精细。盖起房子还要打家具，男婚女嫁是人生大事，谁家都要给儿子盖房子做家具，因此，木匠的身份地位自然要高出许多，也就是说木匠是百工之匠中最重要的，可是这木匠行里却流行着一句话，叫"巧木匠不如个拙东家"。

问何出此言，木匠师傅会给你讲两个乡间老太太的故事。

第一个故事说的是，有一次，木匠在人家里做木工活儿，东家的老太太说家里的"起早"不能用了，请木匠师傅用下脚料给再做一个。这可把木匠难住了，因为他根本不知道"起早"为何物，又如何做得出来。于是婉转地说，想看看原来的那个"起早"，结果老太太拿出一个用秃了的掏灰耙。过去，胶东烧火炕，一天烧三顿饭会在灶膛里积下不少的草木灰，每天早起做饭第一件事就是掏锅底的灰，因此这掏灰耙就有了"起早"一名。木匠恍然大悟的同时也出了一身冷汗：学无止境，世上尚有许多自己不知道的。

第二个故事说的是，东家的家里有一个视力不好的老太太，请木匠帮她做一个炕帮，就是胶东火炕最外边的炕沿处的一根横木。木匠做完后交给老太太，可是老太太用手一摸就说不滑溜。在没有砂纸、没有抛光技术的年代，木匠对自己的技艺很自信，于是便问要有多滑。老太太说，就要木匠用的那把刨子的把手那般滑。木匠听了心里暗惊：这老太太了得，这刨子把手是他 30 年的工夫用手磨出来的，岂能不润滑光泽。自此，这个木匠深悟，若以高标准来求技艺，怎能不出精品。

实际生活中就是这样，每个东家的情况和要求都不一样，有的东家任凭木匠做去，有的则有自己的标准，由于表达和领会的差异，难免会有出入，甚至做成了废品。其实东家最知道自己的需求，虽不会做但会有设想，有自己的期望值。木匠和东家如果能达成一致，最后皆大欢喜，东家满意，木匠也觉得有成就感；否则，做的成品没打自己心上来，感觉跟期望值相差太多，看着就会不舒服。

"巧木匠不如个拙东家"，说木匠"巧"是因为他们能做出各种器物，说东家"拙"是因为一般人没有受过这方面的专业学习，因此，此处的"巧"与"拙"并非实指。这话是由木匠们嘴里说出来的，体现了木匠们的自谦，也体现了对东家的尊重，更体现了对自己的高标准严要求。"技可进乎道，艺可通乎神"，工匠精神的核心内涵原本就是精益求精。

在机械化和流水线生产的现代社会，纯手工的匠作技艺越来越少，但我们仍然需要工匠精神，不仅需要技术精良，还需要谦恭的高贵姿态，不故步自封，虚心好学才能不断精进。

亲妈絮间，后妈絮边

在困难年代，因为物质匮乏，缺衣少食的日子更觉艰难，漫长的冬天令许多贫寒的家庭愁苦不堪，能有一件棉衣抵御严寒，就不至于在寒风中冷瑟发抖，人也显得舒展许多。新絮的棉花，软软松松，厚厚实实，摸上去那手感是暄腾腾的，心里似乎也温暖了起来。因而，冬天有一件暖和的棉衣就会十分知足，每个家庭的主妇也要很早就忙活着为一家老小准备好棉衣，称之为"絮棉袄"。

一般人家做棉袄的外表与内里多由旧衣服改就，棉花也是旧的，顶多弹一弹，使其蓬松些，"新三年，旧三年，缝缝补补又三年"是极常见的现象，过去的家庭孩子多，大多是上边的哥姐穿小了，下边的弟妹再接着穿，新棉衣很少见。如果谁能穿上新里新表新棉花的里表三新的棉袄，那是极其展样（指有气派）的一件事情，人前人后都会觉得脸上极有光彩。

人体上半身最关键的御寒部位是前心窝儿与后脊梁，因此，殷实之家，棉袄之外还有棉坎肩，也就是说棉袄应该在这两个部位絮得厚一些。也许因为女人的天性便是热心、好奇，也许因为继母子关系的敏感性，所以对于那些没了亲娘的孩子，邻居的婶子大娘们都会显得格外关心，也便有这样的生活场景：婶子大娘们在街上若是碰见了没娘的孩子，总会亲切地把孩子叫过来，摸一摸孩子身上的棉衣，感觉一下棉衣的厚度，夸一些"你娘的手真巧""看人家这针脚多细密匀称"一类的话；遇上孩子身上是旧棉衣或是棉衣单薄的时候则常常撇撇嘴，互相使个眼色，不用言语大家也心照不宣。这些也就成了女人们后来聚在一起时家长里短的话柄，也便有了一句俗话"亲妈絮间，后妈絮边"，意思是说亲妈为了让孩子暖和，总会在关键的部位多放一层棉花，而边边角角处，无关痛痒，可絮得薄些；后妈却将棉袄的底边和袖口处絮得厚一些，中间的重要部位则马马虎虎，说白了，纯粹是为了给人看的，因为谁也不会到前胸后背去摸一下棉衣，顶多摸摸袖口和衣边。

这句俗语会让人想到二十四孝之一的闵子骞。闵子骞是春秋时期鲁国人，是孔子的高徒，在孔门中以德行与颜回并称，为七十二贤之一。闵子骞的继母用不保暖但蓬松的芦花给他絮棉衣，而用新棉花给自己的两个亲生儿子做棉衣，以至于闵子骞穿着"厚厚"的棉衣还冻得发抖。闵子骞的父亲发现真相后，要休掉继母，闵子骞不希望两个弟弟也像自己一样，再受没有亲生母亲疼爱的苦，便为继母求情，继母很受触动，后来待之如同己出，全家和睦。这个故事在《史记·仲尼弟子列传》中有记载，后人把这一故事称为"单衣顺亲"或"鞭打芦花"。

"鞭打芦花"的故事结局完美，闵子骞孝贤并具，其父也并不徇情，其后母也是知理之人。在生活中，继母子之间有相处很好的范例，但也存在一些虐害的现象。虽然现在不再用手工缝制棉袄，但"亲妈絮间，后妈絮边"的现象在某种程度上依然存在，"小白菜，地里黄"的歌谣传唱了千年，俗语也还说"能要个要饭的妈，不要个做官的爹""南山顶上轱辘车，有了后妈就有后爹"，都是不争的事实。

秋凉儿叫一声

二十四节气是我国古代人民智慧和经验的结晶，人们根据二十四节气来掌握农时和节令，其神奇伟大还在于对自然界天象物候规律的熟稔。民间常说："节气错不了。"说的就是二十四节气的气候和物候都有定数。譬如立秋，在 8 月 7 日前后，这个时候距离处暑还有半个月的时间，胶东半岛还是酷热难耐的时候，但神奇的是，只要到了立秋，早晚就会感到凉意。民间有"立了秋，把扇丢"的民谣。而此时，大量会叫的蟋蟀成虫会出现，蝉声渐稀，早晚秋虫的鸣唱愈加清亮，而这便有了一句俗语："秋凉儿叫一声，懒老婆吃一惊。"

这是我的家乡乳山的说法，追探起来，这句俗语至少自汉代就有，汉代崔寔的《四民月令》中即有"蜻蛉鸣，衣裘成。

蟋蟀鸣，懒妇惊"的俗谚。这句俗语在胶东其他地方也有，但说法各有变异，栖霞是"秋凉叫，懒老婆吓一跳"或"蟋蟀叫，吓了懒老婆一大跳"。莱阳是"蟋蟀叫一声，穷人吓一惊"。可见，胶东各地的说法是把《四民月令》中的这句谚语掐头去尾，并将其口语化。

蟋蟀亦称促织，俗名蛐蛐，还有金蛉子、金钟儿、夜鸣虫、将军虫、秋虫、斗鸡、地喇叭、灶鸡子、孙旺、土蜇等别称。乳山一带叫蟋蟀是秋凉儿，"秋凉儿"与"蜻蛉"音最为接近，这句俗语中的"秋凉"或是"蜻蛉"音转而来，从乡亲们嘴里说出来就是"秋凉儿叫一声，懒老婆吃一惊"。家乡人还称蟋蟀为"寒虫"，意思是天凉了才有的昆虫，抑或是蟋蟀叫了，天气就凉了，所以很多年来，我都愿意将蟋蟀理解为"秋凉"这个词，因为这样不仅形象，而且有了温度。

这句俗语有两个意思，一是说天快冷了，贫寒的人家会因没有衣被而愁苦；二是催人自省，时间不等人，要女人们勤快做营生。因各地说法里面多有"懒"字，主要还是取后一种意思，也就是说天气凉了，家庭主妇们要为一家老小准备棉衣棉被了。过去，人们头上戴的，脚上穿的，铺的盖的，棉的单的夹的，林林总总，全靠家里女人的一双手一针一线缝制而成，加上家里人口多，这对女人们来说是一个浩大的工程，所以勤快的主妇一般在夏季就会把家人的棉衣棉裤和被褥等拆洗利索再缝好。这个时间需要两个多月，要全部做完会很繁忙，若是到了立秋，还没做完或还没开始做的人，听到蟋蟀的叫声怎能不心惊呢！

这句俗语体现了过去女人们的生活状貌。在男耕女织的时代，从纺线到织布到成衣到浆洗，全是女人们手工完成，没出嫁时就悄悄地给自己做嫁妆，出了嫁，夫家一大家子的活计就全是你的了，上到公婆下到小姑子小叔子，中间还有自己的丈夫和孩子，一年到头，似磨不断的铁索，女人们就在这看不见的缝缝补补、洗洗浆浆中忙碌一辈子。

如今，年轻的女孩子不会拿针的不在少数，会个十字绣都被说成是巧手，更不用从十三四岁就描龙绣凤为自己准备做新娘子的绣品了；冬天有羽绒的、丝绵的、皮草的等各式材质的棉衣穿，再也不必自己手工做棉袄棉裤；有了被罩，有了几床被子替换盖，再也不必年年拆洗缝制被子；洗衣物用洗衣机，甚至送到洗衣店……女人们从大量的女红、从繁重琐细的家务中解放了出来。

现代社会，女人们虽不必在立秋前忙着缝制衣被了，但这句俗语还告诉人们，要有时间观念，人生须有计划，所谓"吃不穷，穿不穷，打算不到一辈子穷"。一年又一年，日子看似在重复中度过，但四季更替，时光匆促，走着走着，就走完了一生。人生短促，还需珍惜时光。

圈折子

粮食问题，是国计民生的大事，不仅国家储粮，民间也一直有自家储存粮食的习惯。经历过饥荒的人们最看重粮食，不说远了，20世纪60年代以前出生的人们，都尝到过饿肚子的滋味。挨过饿的人最怕的就是一时缺了粮断了顿，更是格外重视储存粮食，有道是"家里有粮，心里不慌"。

从前农家储粮，量少的，用缸，用罐；量大的，用仓，用囤。用粮囤子储存粮食，是农家最常用的方法，粮囤子有大小两种：小囤子用荆条编为直筒形，粗可二人合抱，高度和成年人的身高差不多，储粮虽然不多，但存取方便，一家一户总有这样一个或几个小囤子；大囤子由两部分组成，底部用荆条编制，高60厘米左右，像一个特大的盘子，俗称为"囤子底"，"囤子底"里装满了粮食之后，再沿囤子四周用"折子"加高。"折子"是用高粱或芦苇皮编织的一种窄长的席子，比铺的炕席略粗糙些，一般宽约30厘米，长短不一，有的几米长，有的可达十几米，不用时就盘成卷，存放不占地方。使用时展开，如折子不够长，可以续接起来加长，实用而方便。加高粮囤叫"圈（quān）折子"，圈上一层折子，将粮食倒到折子三分之一处，再圈一层，折子一圈一圈地围着囤子盘绕上去，高的可以接近屋梁，用粮时要踩梯子先从囤顶上开始拿取，渐取渐低，层层把折子卷下来。粮食得来不易，人们总结节粮经验的俗语是"会省省囤子尖，不会省省囤子底"。

居家过日子，人们希望的就是丰衣足食，满囤成了"足食"的标志。生活的希望也体现在民俗事象中，如农历二月二，民间有"打灰囤"的习俗，也叫"撒灰囤""围仓"，即用草木灰在地上围画成粮囤的形状，也在粮囤边画梯子，撒灰囤时还口念歌谣："二月二，龙抬头，大囤子满，小囤子流。"希望一年五谷丰登。

乳山一带结婚时必须要做的面食礼品是"媳妇饼"，发面，加糖加油，吃来香甜绵软，寓意生活甜蜜又起发（发财）。同时，同样的材质还要做几个大"囤底"，直径超过 30 厘米，切分给亲朋好友品尝，也希望婚后的日子丰盈充足，粮食吃不完。

给粮囤"圈折子"的说法，也被用到了生活的其他方面。任何东西太满，都可以说是"圈折子"，比如说来人待客，胶东人以大方著称，忌讳饭菜盛得少，好像是不舍得给人家吃一样，所以，为表热情，总给人家盛得很满。面对盛情，客人一边心里高兴一边客气地说"哎呀，都圈上折子了"，或者一边推让一边说"行了行了，都要圈折子了"，意思是碗已经满得要鼓尖了，再盛就要溢出来，需加折子圈挡住才行。

过去，存粮多才能吃饱饭，有余粮是富足的象征；现在，不用存粮也能吃饱饭，也是富足的象征，时代的变化在一个粮囤子的变化上体现了出来。到 20 世纪 80 年代初，胶东农村责任田承包到户之后，尽管粮食产量大增，可还有人会在家里存放上万斤麦子，将三年的小麦产量全放在家里。现在，市场上、超市里什么都有卖，城镇化的进程中，住进楼房的农民不种地也不担心会饿肚子，乡下的农民也"种地卖粮，买米做饭"，农户储粮很少，少量的粮食一般用专门打制的水泥缸或用白铁皮制成的粮囤来存放，顶部加盖，露天放置即可。更多的人家已经不再储粮，而是把粮食放到加工厂代存。

"积谷防饥"，也许是因为挨饿挨怕了，一些老人还是习惯"吃陈粮，烧陈柴"，虽说现在不在家里大量储存粮食了，但总还是有人会在家里囤一些食品，如米面油盐肉蛋等，以备不时之需。物质再丰裕，还是要有防患于未然的意识，这种心理只有过过苦日子的人才会明白。居安思危没错，但也要防止囤积造成新的浪费。

肉在里边

生活中，有的人表面上看起来没什么主见，但真遇到事情，处理起来的方式方法常令人刮目；还有的人看起来脾气性格很和善懦弱，但暗地里做的事情会让人吃一惊。总之，只要是不显山不露水的人，或者表面上不露锋芒、实质上很厉害的人，人们常会说他是"肉在里边"。

什么东西的肉在里边？在哪里边？这就要说到贝类中腹足纲的海螺。胶东半岛三面环海，盛产很多种海螺，这些海螺在胶东各有俗名，小的统称波螺，又细分为记波螺、花波螺、盘波螺、香波螺等；小辣螺叫"辣斗"，因其味道带点儿辣味，形状似小漏斗而得名。大的海螺叫"瓦楼"，那坚厚的外壳可不就是用带棱的瓦筑就的一幢很好的楼房吗？大的海螺还可做号角，由于大海螺一般如拳头大小，于是又称之为"瓦楼拳""瓦楼牛"。说到"牛"，学名织纹螺的小螺，也被称之为"海牛儿"（有的地方称"海瓜子"），不是黄牛、奶牛一样体型庞大的大型畜力，是蜗牛的"牛"，因为它们与蜗牛一样同属腹足纲类；还有一种小的尖螺，人称"海锥儿"的，海边人又称"嘬嘬"，因人们常嘬嘬以尝其美味，"嘬嘬"之名可谓形声兼备。

这些海螺都有坚硬的外壳保护自己的身体，壳口处的角质或石灰质薄片学名为"厣"，俗称"阻儿"，随头足部的伸缩而开闭。在海水里或滩涂里，海螺会打开厣伸出头足来呼吸换气，或吸附在礁石上。也就是说，这些时候它的"肉"是探出螺壳的，人若碰它一下，它一下子就将肉身缩进壳里，等确定没有危险再出来。无论是大螺还是小螺，螺壳里常会住进寄居蟹（虾），它们把螺肉吃了之后将螺壳占为己有，作为自己的房子，因此人们给了它们一个名字叫"白住房"，可能是其形状更接近于虾的样子，胶东沿海的人就叫这些寄居者为"嘬嘬虾"。这些寄居蟹缩在螺壳里，听见动静就缩进去，你要拉它出来是万万不能的，越拉越缩，如果你一定要把它拉出来，除非扯断它的触须甚至身体，可是它是宁肯被扯碎了也不会出来的，可谓"宁为玉碎，不为瓦全"。这也便有了一句歇后语："属啜啜虾的——越拉越紧紧。"形容人过于腼腆羞涩不愿出人头地，民间常以此指称那些上不得台面的人，甚至有没出息、不识抬举的意思。

如何才能将这些海螺或寄居蟹的肉弄出来呢？那就是煮熟了以后。无论哪种螺，都是鲜美的海味，为海边人所喜食，用海边人的话说是"能吃得人拿不下嘴来"。无论吃哪种螺，都需要是鲜的活的才好，不仅得会煮，还得会吃，就是得能把螺肉从螺壳挑出来。挑螺肉不能硬来，须顺着螺纹的方向慢慢挑，高手会把螺肉完整地旋出来；而煮不好或挑的技术不行，挑肉的时候就容易挑不出来，或者挑断了，尤其是花波螺，如果挑破了它壳口的厣，任凭你再努力也挑不出肉来了，因而有"花

161

波儿好吃肉难挑"的说法。不只是花波难挑，其他波螺也一样，如果是不新鲜或是火候不合适，也都不能尽如人意令人吃得酣畅，常常是明明能看到里面的螺肉，可就是弄不出来，干着急没办法，实在不行，有的人只得用笨法子，将螺壳打碎将螺肉取出，但这样吃来口感就会大打折扣。

没有见过活的海螺或不吃海螺的人，都不会知道海螺的肉怎么就能缩在壳里不出来或挑不出来吃不到。语言源自生活，"肉在里边"这句话，可谓非海边善吃螺者不能道也。

三条腿的蛤蟆不好找

有一首有趣的儿歌叫《数蛤蟆》："一只蛤蟆一张嘴，两只眼睛四条腿；两只蛤蟆两张嘴，四只眼睛八条腿……"谁都知道蛤蟆有四条腿，但民间却常说一句俗语："三条腿的蛤蟆不好找，两条腿的人满街都是。"这话所用的语境大多是合作者半途撂挑子了，人们就会说这句话，言外之意，不是非你不可，还会找到更好的新伙伴；更多的时候这话则用来劝解失恋的人，劝人放下前任，意思是说，人有的是，这个不行再找下一个，何必一棵树上吊死，也含有后来者会更好的意思。这就像有人化用东坡"枝上柳绵吹又少，天涯何处无芳草"的诗句来劝人一样，可谓一雅一俗，各有妙趣。

三条腿的蛤蟆不好找，但还是有的，为什么说不好找呢？因为它在月亮里。仙境中的物种自然比人间奇异，于是在先民创造的上古神话里，太阳里有一只三足乌，月亮里则有一只三足蟾，因而月宫又有蟾宫、蟾阙、蟾窟的别称，与月宫里的桂花树相组合，也便有成语"蟾宫折桂"，成为古时读书人的理想。

人们都知道，神话传说中，月宫里住着嫦娥姐姐，岂不知这只蟾蜍正是美丽的嫦娥仙子。《淮南子》里说："羿请不死药于西王母，姮娥窃以奔月，怅然有丧。"《灵宪》里说："姮娥遂托身于月，是为蟾蜍。"姮娥即嫦娥，也就是说嫦娥到了月亮里变成了一只蟾蜍。

嫦娥如何变成了蟾蜍？有人说是因为她偷吃仙药，但我更愿意理解为这个神话的创作是表达了人类对生命永存的渴望，而蟾蜍的药用价值是能为人医病保健康的，于是最初月宫中捣药的是蟾蜍。长生不老是人类亘古就有的愿望，秦皇汉武的东巡、徐福东渡以及道家的苦炼丹药无不表达了这种追求。为什么会有嫦娥奔月这个传说？人们大多认为是古人飞天梦的体现，而实际上更应该表达的是人们对长生不老的向往，屈原《天问》有："夜光何德，死则又育？厥利维何，而顾菟在腹？"问的就是月亮何德何能，怎么能暗了又亮，消了又长，缺了又圆？月亮让人们看到了生生不息的轮回，生命若能如此该有多好，所以神话里的嫦娥是偷吃了西王母的"不死之药"才得以成仙飞升到月亮上去的，成仙不死，这不正是人类的希望吗？

还有学者考证，嫦娥即女娲，这又与汉族的大神造人说有了联系，无论伏羲兄妹成婚以繁衍人类还是女娲抟土以造人的神话，都是对人类起源的一种解释。

就蟾的特点而言，其繁殖力很强，因而民间用来象征多子，这与古代的蛙崇拜有关，古人崇拜青蛙在本质上是一种生殖崇拜。青蛙有鼓鼓的肚子，由此联想将青蛙当作生殖神，进而与女娲相连，文字学资料也可间接证明青蛙是女娲的原形，由此也可见莫言小说《蛙》的文化背景何来。

这只三足蟾到了民间，又出现在"刘海戏金蟾"传说里，这个素材广泛出现在民间剪纸和民间年画等民间美术中。纹样多为一蓬发少年以连钱为绳戏钓蟾蜍构成，所戏蟾蜍即是一只口吐金钱的三足蟾，寓意财源兴旺，幸福美好。在这里，"蟾"谐音"钱"，蟾蜍又成为财富的象征，被称为"金蟾"。

三月八，吃椿芽

香椿自古是民间美味，素来有"树上的蔬菜"之美誉。古时候，人们把春天采摘、食用香椿说成是"吃春"，寓意迎接春天的到来。有道是"雨前椿芽嫩无丝，雨后椿芽生木质"，"雨"是指二十四节气中的谷雨，是说谷雨之前，香椿发出的嫩芽最香嫩最好吃，谷雨以后就老了，不能吃了。又有俗语说："三月八，吃椿芽。"三月八约在清明后几日，也就是说清明到谷雨之间，是吃香椿最好的时间。

胶东的香椿种植很普遍，香椿树不择地而生，春寒料峭时即萌芽生叶。清明过后，人家的房前屋后，到处都是绛红色的香椿幼芽，放眼望去，好似成千上万个火炬在风中舞动。采摘香椿叫"掐椿"，人们称香椿为"蔬菜之王"，因为香椿上市早，早春时节，没有病虫危害，不用担心有农药残留，又是纯天然的野生木本蔬菜，营养价值很高。

"门前一株椿，春菜常不断"。最早长出来的头茬椿叶民间叫"毛角"，毛角只有两三个叶梗，因为经冬后椿叶水分少，吃起来口感也有些老。清明后四五日长出来的二茬香椿，品质最好。香椿的吃法很多，无论怎么做都美味可口，常见的吃法有：香椿拌豆腐、香椿炒鸡蛋、炸香椿鱼儿、香椿辣椒泥、香椿豆、香椿焖鲐鱼等。二茬之后的香椿，多腌制来吃，将香椿洗净，加盐揉搓一下，使之容易渍盐，叫"揉香椿"，农家常会腌制许多，随吃随取，成为一年之中餐桌上的主要菜品。春天腌制的香椿甚至可以保存到春节，挂上面糊油炸，便又成为一道新年待客的佳肴。只是香椿是发物，虽美味不可多用。

香椿不只作为食材有食疗作用，而且全身都是宝，《本草纲目》中说，香椿的皮、根、果（香铃子）都可入药。由于香椿木有特殊的香气，可避虫，又耐腐蚀，所以显得尤为珍贵，号称百木之王。香椿木的生长时间越长，材质的颜色越深，因其木质为红色，因而香椿木又名辟邪木，人们称之为"平安树""吉祥树""发财树"，栖霞有的地方甚至称之为"降龙木"，可见，民间对香椿木极为看重，香椿木也因此有了特定的民俗含义，出现在一些重要的民俗事象中。

在民间，上梁是建房过程中是最讲究、最隆重的环节，上梁也叫"上任"，就是所说的"脊任到顶"，胶东许多地方的脊任必须用香椿木，没有长的也要用一小段香椿木，镶在任条正中的下方，以求镇宅辟邪保平安。

胶东婚俗中，新娘的嫁妆里须有门帘，挂门帘须有门帘杆。婚礼当天，还有公公钉挂门帘的习俗，所以有女儿的人家会早早备下香椿木的门帘杆儿，尤以红香椿木为最佳，准备结婚挂门帘以辟邪，祈福平安。

香椿树的生命力可谓顽强，香椿树可以说是春天最早发芽的植物之一，春寒料峭时就会冒出新芽；而且，从一露头就被

人们掰折，几乎把整个的树头都给掰下来吃了，掰的时候还难免会折损了枝丫，可就是这样，香椿树照样枝繁叶茂地生长。因而，不少地方的民间还有一种习俗，如果谁家的孩子长不高，就在大年三十晚上围着椿树转三圈，边转边说："椿树王椿树王，你长（zhǎng）粗来我长（zhǎng）长（cháng），你长粗来解成板，我长高来穿衣裳。"

这是民间俗信中的植物崇拜。万事总有本质，人们上梁、婚嫁用椿木为的是求平安吉祥，而转椿树的意义，也并不在于是否真能长高，而是希望孩子有香椿树一样顽强的生命力，能够健康平安地茁壮成长。

三月三，大燕小燕做一千

民间传说寒食节、清明节都与介之推有关，古时候人们就用面粉和着枣泥，捏成燕子模样，用柳条串起来，插在门上，召唤他的灵魂，叫"之推燕"。胶东民间也有清明时节蒸面燕子的习俗，则较多地表现出与上巳节的密切关系。

古时，人们把三月的第一个巳日定为上巳节，后来就固定在农历的三月初三，因这个日子与清明、寒食的时间接近或相重，所以现在我们过的清明节是一个三节合一的节日。

上巳节是古人的"修禊节",也叫"禊祭"。古人如此重视暮春三月,是因为在这个时节里,万物复苏,在漫长难熬的冬季之后,风和日丽,天朗气清,大自然焕发的勃勃生机,能引起人们愉快和振奋的情绪,带来吉祥与快乐。古时人们认为妇女不育是鬼神作祟,也用上巳节的沐浴治疗不育症,因此就有了祈孕的含义。

这种"禊祭"对于普通百姓来说只是宴饮游玩,在达官贵人和文人骚客那里则风雅起来。他们在弯曲环绕的小水渠里,让装饰着羽毛的酒杯随波逐流,流到谁的面前谁就取来喝掉杯中的酒,称之为"曲水流觞";或者将煮熟的禽蛋,如鸡蛋、鸭蛋、鸟蛋等放入水中,叫"曲水浮素卵";用红枣则叫"曲水浮绛枣"。王羲之的《兰亭集序》记叙的就是他和朋友三月三日水边宴饮的盛况。

胶东的三月三有蒸面燕子的习俗。威海的面燕子一般不着彩色,以食用为主;栖霞称之为"燕窝窝""疙瘩燕""饽饽鸡",当地人说,小孩儿吃了不害眼病。这个时节蒸面燕子,一是此时正是北方燕子归来的时候,所谓"大雁不过九月九,小燕不过三月三",燕子这时候都飞回来寻故垒旧巢孵育后代,此时做面燕子与节令相应,表达人们对春天到来的喜悦;二是俗信认为"燕子不进愁家门",人们喜欢燕子,希望燕子给自家带来吉祥安康;三是有祈孕的寓意。《诗经·商颂·玄鸟》有"天命玄鸟,降而生商"。燕子,古称元鸟、玄鸟。传说殷商部族的始祖契是母亲简狄吞元鸟卵而生,因此,燕子是古老的鸟图腾崇拜，也是原始的生殖崇拜，是生育的象征。烟台西部的一些地方三月三蒸面燕子祈孕的色彩尤浓，龙口的新媳妇三月三要送春燕，莱州干脆就叫三月三是"小媳妇节"，小媳妇指当年结婚还未生育的新媳妇，民间俗传小媳妇过不好这个节日不利于生育，因而小媳妇们过节前回娘家做许多面燕，三月三带回婆家分送给邻居亲友，谣曰："三月三，大燕小燕做一千。"巧手制作的面燕子各种姿态，个个彩绘，斑斓喜庆，精美如工艺品，得到面燕子的人们多不舍得吃，摆在柜头成为装饰。

　　胶东民间还有清明吃鸡蛋的习俗，这与鸟图腾、与曲水流觞之"曲水浮素卵"也有关联，也可以看成民间祈孕习俗的变形。如此说来，祛病求吉和欢爱祈孕是上巳节的节日内涵。古人的上巳节诗意而浪漫，且充满了孕育生命的期盼与喜悦。

上马饺子下马面

胶东的福山大面和蓬莱小面已经成为地域性的特色商业饮食，但居家饮食中仍以手擀面最令人叫绝。将和好的面团放在大案板上，揉至面团光滑，再用擀面杖使劲反复擀压，擀压成厚度不足 0.2 毫米薄的面片，折叠后用刀切成均匀的细条，将其抖散，沾匀醭面，等待下锅。擀面条是技术活儿也是力气活儿，有道是"软面箍扎硬面汤"，即擀面条的面要相对硬些，面条才会筋道不粘连，所以，过去家口大，擀一顿全家吃的面条也是很辛苦的活计，更何况是三天两头的要喝面条。

胶东东部还称面条为"汤"，喝面条就叫"喝汤"，民间对面条有种种叫法，依据制作方法不同，有"过水面""打卤面""杂面汤""混汤面""爆锅面""疙瘩汤""片儿汤""揪面汤"等。其中以手擀面做的打卤面最为正宗，不仅是居家饮食的主力，也是招待客人和礼仪、节庆时的主食。

来人待客，饺子、面条就是待客的标配主食，有道是"上马饺子下马面"，也说"开路饺子团圆面"，其中包含了出行和饮食两种习俗，即离家的时候要吃饺子，回家的时候要吃面。同样，客人进门要吃面条，表示热情，说要缠住腿脚多住几天，体现胶东人的热情待客；待客的第一顿饭忌吃水饺，认为水饺是送行的食品，意味着客人不受欢迎，俗称"滚蛋箍扎"。送客时则不吃面条，认为缠住腿旅行会不顺利；因饺子的形状像元宝，送行吃饺子，象征出门发财赚元宝。

面条也是节日饮食，正月二十一，民间认为是麦子生日，要吃面条。人们以这一天的晴阴来预卜当年麦子的收成好坏，并有俗语说："给吃不给吃，单看正月二十一。"二月二是龙抬头日，有的地方也吃面条，叫"龙须面"。过去有春社和秋社，社日是祭祀土地神和五谷神的传统节日，时间分别在立春和立秋后第五个戊日，大致在春分、秋分之后，有的地方也以春分为春社、秋分为秋社。社日这天，一个家族的人要聚到一起，由族长带领，先祭祀土地和谷神，然后祭先祖、吃社饭、唱社戏，主食就是面条。夏至也喝面条，有"冬至饺子夏至面"之谚。夏有三伏，民间又有"入伏的饺子出伏的面""立秋的箍扎入伏的面"等俗语，这些节日的饮食变换，一则祈庆丰年，二则对于日常饮食也是一个调节。

面条在人生仪礼中更是频频出现。过生日必吃面，叫寿面、长寿面；生孩子是喜添新丁，要吃喜面。男婚女嫁中，面条也担任着重要角色。鲁中的潍坊、淄博、济南等地有"下轿包子（即水饺）上轿面"的习俗，而烟台的习俗则是"上轿饺子下轿面"，结婚当天早晨婆家要擀面条给新人吃。新人在炕上坐定之后，就有"全和人"端上面来，面条切得很宽，约有3厘米宽，叫"哺面"或"开口面"；有的地方叫宽心面，意思是新娘子初来乍到，希望她不要想念父母，心情愉悦；也有说将来的日子会宽头（有钱花），总之都是表达一些美好的愿望。

现在，面条依旧是胶东人喜爱的主食之一，它在仪礼民俗中的地位也依然重要，但纯正的手擀面却不多了，市场上都有专门加工面条的店家，农村也有了家庭压面机，机械化解放了女人们的双手，省事确是省事了，但人们心里还是念想着记忆中手擀面的味道。

上天言好事，回宫降吉祥

纸马也叫甲马，是指画有神像，用于祭神的纸，人们把自己创造出来的众神和祖师图像都印成相对应的纸马，供人们买来供奉烧化。《清稗类钞·物品类》里记载，甲马原本叫纸马，起源于唐朝，是手绘的彩色神像，因为上面的神像大多披甲骑马，所以又叫甲马。到了宋朝，雕版印刷普及，甲马成了五色套印的彩色印刷品，历经元明清三代而不衰。当然，也不是所有的甲马上都有马。

农历腊月二十三是传统的小年，主要的习俗是祭灶，即送灶王爷上天，灶王爷在哪里？灶王爷就在灶马上。

灶马是众多纸马中的一种，就是木刻印刷在纸上的灶神像。

灶马，分灶马头和灶神像两部分，上端称灶马头，一般印有当年的日历，还有一个很小的骑马人图案；下面是灶君的神像，灶马上的神像有单座和双座之分，民间供奉的灶君纸马，多是一对老夫妇并坐，即灶王爷和灶王奶奶。灶马中间偏上位置书"灶君府""东厨司命主""人间监察神""一家之主""四季平安""耳目之神"等字样的横批，两旁有"上天言好事，下界保平安""上天言好事，回宫降（带）吉祥"等对联。

民间之所以祭灶王，是源于古代对自然万物的崇拜。民间俗信，举头三尺有神明，神无处不在。灶神，在夏朝就已经成了民间尊崇的一位大神。先秦时期，祭灶位列"五祀"之一，即祀灶、门、行、户、中溜五神。《论语·八佾》里就提到"与其媚于奥，宁媚于灶。"宋代孟元老《东京梦华录·十二月》："二十四日交年，都人至夜请僧道看经，备酒果送神，烧合家替代钱纸，帖灶马于灶上。"

民间一般家家都设有"灶王爷"的神位，灶王的神龛大都设在灶房的北面或东面，中间供印有灶王爷神像的灶马，也有的人家直接将灶马贴在墙上。灶王爷，传说是玉皇大帝册封的"九天东厨司命灶王府君"，主管人间的饮食。到了腊月二十三日，灶王爷便要升天，去向玉皇大帝汇报这一家人的善行或恶行，送灶神的仪式称为"祭灶""送灶"或"辞灶"。

辞灶的时间，南北方有差异，并有"官三民四船五"之说，胶东地方一般在腊月二十三。送灶时，摆上供品，放鞭炮、燃香烛、烧纸，在灶神像前祷告一些恭维灶王的话，祷告之后，将旧灶马揭下烧掉，这就算是祭了灶，送灶王爷上天了。七天之后，除夕夜还要把"灶神"再接回来，所以有的灶马上的对联写的是"二十三日上天去，初一五更下界来"或"二十三日去，初一五更来"。

"上天言好事，回宫降吉祥"，是灶马上灶王神像两旁最常见的对联，也是人们祭灶时念叨最多的一句话，表达了人们心中最大的愿望。生活困难的年代，人们就这样将最基本的生活保障寄托在一个灶神身上，民间俗信观念之力不可谓不强大。

十月里还有个小阳春

阳春，一般指的是季春时节，是春天最后的一个月。所谓"阳春三月"，即清明、谷雨这段时间，对应的是阳历四月份、阴历三月份，所以"清明节"也有"三月节"之称。与江南的春相比，虽说胶东半岛的春三月仍有些春寒料峭，但毕竟已经花红柳绿，春意融融。

胶东一带四季分明，民间有许多总结描述季节变换的俗谚，其中有"大雁不过九月九，小燕不过三月三"，这句话说的是这两种候鸟的习性，也是胶东一带秋去和春来的标志之一。又有俗语说"冷到寒食热到秋"，也是说胶东的天气到寒食、清明时才会转暖。"热到秋"的"秋"是指"秋分",虽说到了立秋节气,胶东一带有"立了秋,把扇儿丢,谁拿扇儿不害羞"的俗语,但真正凉快还要到秋分以后,即农历的八月末。过了重阳,天气会明显转凉,而进入农历十月,常常就会降下初雪,所以有俗谚说"过了十月节,翻动天就是雪"。这个"十月节"指的就是十月初一,也称之为"十月朔",意思是说过了十月初一,一旦变了天,冷风起来,阴云遮天,温度骤降,就会下下雪来。事实上也确实如此,胶东十月初一前后下雪是常事,这个时间在节气上基本与立冬节气重合。这时的雪常常是人们所说的小清雪,虽下不大或者落地即化,但已经见到了雪花的影子,基本就进入初冬了。只是这个时候气温仍不稳定,还会有反复,所以俗谚又说"八月凉,九月温,十月里还有个小阳春",因为这时也还有温暖的阳光照耀大地的时刻,尤其是中午的时候,会给人以春天般的感觉。只是这样的天气一般比较短暂,常常是昙花一现,因称"小"阳春,毕竟节气到了,再温暖也势成强弩之末。反复几个"小阳春"之后,气温就会降下来,进入真正意义上的冬季,所以十月初一就成了秋冬分界的一个节点。

有道是"春冻骨头秋冻肉",无论春寒还是秋冷,都很难熬,因而十月里的"小阳春"就格外给人以欢喜,尽管短暂,却能给人带来愉悦。这两句气象谚语将十月的气象总结得恰当而准确,"过了十月节,翻动天就是雪",是说天气变化很快,翻云覆雨;"十月里还有个小阳春",则是说即使条件环境再差,也仍有希望在,如同连阴雨之后总会有雨过天晴的灿烂阳光,正所谓风雨过后见彩虹。气候变化有规律也有变数,人生也一样,不时会有些坎坷有点儿插曲,人生不能总处在低谷,只要心存希望,总能守得云开见日出。这"十月里还有个小阳春"中,竟透着一种乐观积极的人生态度。

是蚕就得眠个茧

蚕在结茧前要经过就眠蜕皮的过程,这个时候蚕不吃不动,就像睡着了一样,实际上蚕是在蜕皮,也就是脱去旧皮,换上新皮,以便继续生长,人们说的"眠一眠,长一长",就是蚕的这个过程,眠的结果就是准备结茧吐丝,于是就有了"是蚕就得眠个茧"这句俗语,人们常用这话来比喻人做任何事情总要有个结果,干出点儿成就,如此就需专心致志,像蚕努力结茧一样。

说到蚕就不能不说胶东的养蚕历史。胶东是我国柞蚕的发祥地,胶东半岛多丘陵山地,山上多柞树(俗名橡子树、桲椤),所以放养柞蚕就成为农家普遍的副业,西汉时就有"东莱郡东牟山,有野蚕为茧"的记载。

胶东柞蚕养殖历史悠久,也催生了丝绸产业,柞蚕丝织出的丝绸叫山绸或茧绸，胶东的缫丝织绸业始自汉朝，20世纪初即已兴盛，20年代胶东年出口柞丝绸70万公斤，出产宁海绸和芝罘绸。烟台开埠后，西方的洋行对胶东的蚕丝业发展起到了推动作用。现坐落于烟台市芝罘区南山路1号的蚕丝专科学校旧址，是近代山东首家蚕丝专业技术学校，1922年由华洋丝业联合会创办。

除了柞蚕养殖，胶东各地也种桑养蚕。各地都建有桑园，遍植桑树。许多中年人想必都忘不了童年时代吃桑葚的甜美滋味，暮春时节，孩子们的身影在碧绿的桑林间闪现，然后就是每个孩子的嘴唇、两手还有衣服都会染上了乌紫的色彩。

无论桑蚕还是柞蚕，缫丝之后，蚕蛹就成了人们的盘中佳肴，干炒、油炸或腌着吃都是下酒的美味。春季出蚕蛾时，人们还会将部分雄蛾或发育不好的雌蛾剪去翅儿下锅爆炒，营养丰富，味道鲜美，比蚕蛹强十倍。

蚕可以说浑身都是宝，蚕丝是优良的纺织纤维，是绸缎的原料，蚕蛹、蚕蛾是餐桌上的美味，僵蚕、蚕沙又可入药。

蚕的一生虽短暂却壮美，从卵、幼虫、蛹到成虫四个时期，一共也就 50 多天的时间，结茧吐丝之后，化蛹成蚕蛾，之后雌蛾雄蛾交尾产卵，随即死亡。说到蚕，很容易让人想到李义山的"春蚕到死丝方尽，蜡炬成灰泪始干"。人们喜欢用这两句诗来表达爱情，以"丝"谐音"思"，比喻至死方尽的思念，此等相思也实是至情。

这句俗语民间还有一种说法是"吃桑就得绣个茧"，无论是"吃桑就得绣个茧"还是"是蚕就得眠个茧"，其中的"绣"字和"眠"字都将蚕结茧的状态描写尽致，民间用语的精当令人惊叹。

耍猫赖

旧时，乡间多养猫防鼠，所以家庭养猫很常见。猫和狗一样，成为人们的伙伴和帮手，是人们喜爱的动物之一。

因为老鼠主要在夜间活动，猫便要值夜班捉老鼠，因此，我们白天看到的猫似乎大多在睡觉，据说猫一天中有 14—15 小时在睡眠中度过，所以猫常被人们冠以"懒猫"的头衔，尤其喜欢睡热炕头和晒太阳，睡姿舒适而慵懒，睡得沉了，弄都弄不醒它。

猫不止"懒"还"馋"。乡间的猫不止以鼠为食，也需喂养。猫喜食鱼，人们常说"馋猫鼻子尖"，若闻到鱼腥味，你是赶不走它的，必要赖到你给它吃了才罢休。所以民间有说法：狗是别人喂不走的，而猫，谁家有好吃的就跟人家去了，甚至有"狗是忠臣，猫是奸臣"的说法。

猫的"顽劣"并不妨碍人们喜欢它们，并把它们当作一种吉祥的象征。中国画中有猫蝶图，多画猫于花卉旁戏扑蝴蝶，画面极为安宁和谐。自古人们将八九十岁称之为耄耋之年，因此以猫蝶谐音耄耋，寓意高寿，猫蝶图就常成为给老人们祝寿的好礼。

说猫"耍赖"，是因为它不像狗那样听从主人的话，它做什么似乎全凭自己的心情，简直是我行我素。有时候，它会不理你，你怎么叫它，它都当没听见，闭着眼睛自顾自地咕噜咕噜"念经"；有时候又像小孩子一样撒娇，你走到哪里它会跟到哪里，围着你的裤脚打转；它还会钻到被窝儿里，也会跑到你腿上、肩头甚至骑到你头上。它实在是任性得很，任性到喜欢在哪儿待着就在哪儿待着，喜欢啥时候打滚就啥时候打滚，这不是"耍赖"又是什么呢？

猫的顽皮可爱自不必说，否则也不会有那么多人喜欢猫，其憨态可掬和灵动活泼，没养过猫的人是难以名状的。正由于猫萌萌的样子惹人怜爱，因而即使它们偶尔耍个赖也是可爱的，也就有了一个词"耍猫赖"。这词若用来说人，多是亲近的人之间用，一般对孩子或对喜欢的人说。譬如有约在先，对方若反悔了或是没有按规矩出牌，就会嗔怪一句"又耍猫赖"，乡人喜用儿化，就成了"耍猫儿赖"，言语间更含了一种娇纵，结果谁输谁赢是并不在意的；大人跟孩子玩下棋等游戏之前，常常会先讲好"不许耍猫儿赖"，但往往也是白说，该耍的赖还是要耍，最后常常还是"耍猫赖"的一方胜出。

可见，对人与对猫是一样的，只要心里喜欢了，就怎样都是可爱的，即使是耍赖。"耍猫赖"与"耍无赖"只一字之差，却情态迥然，且有了感情色彩，民间语言就是这样的富有情趣。

睡到果木园里了

健康是一个人生活质量高低的标准之一，良好的生活习惯是身体健康的重要保障，这其中就包括好的睡眠质量和睡眠习惯。古代人日出而作，日落而息，注重早睡早起，《朱子家训》第一句就是"黎明即起，洒扫庭除"，还有一些俗语如"一天之计在于晨""早起的鸟儿有虫吃"等，所以，人们从小就教育孩子要养成早睡早起的习惯，若是你起晚了，人们就会打趣地说："怎么起不来了，睡到果木园里了吗？"

胶东是水果之乡，这里的丘陵地貌和气候条件非常适宜水果的生长，几乎所有北方的水果都有出产。从春果第一枝的樱桃，到春夏之交的杏子、草莓、李子，到夏天的桃子、甜瓜、西瓜，再到秋天的苹果、梨、山楂、葡萄、石榴、枣、柿子等，一年四季有三个季节都有时令鲜果，因之也有许多俗谚："七月桃，八月梨，九月的柿子乱赶集""八月梨枣九月楂，十月板栗笑哈哈"。即使是冬天，也有耐储存的苹果、梨等可以大饱口福。

胶东人将水果总称为"果木儿"或"瓜果梨枣"，每每有应季的水果上市，人们总要买一些品尝，称之为"变变季数"，孝顺的孩子也会买了来孝敬老人。不同的水果有不同的果香，有时候人们会特意在屋子里放上水果，为了闻味道，同时净化空气。一个苹果就可以满室生香，更不用说在果园子里了，那是怎样的香气四溢，因此就有了这句很诗意的"睡到果木园里了"。

实际上真有睡在果木园里的人，那就是看苹果峦子的人，人们称果园为"果木峦子"，苹果园就是"苹果峦子"，梨园就是"梨峦子"。集体劳动的时候，村里的每个果园都会有一个看守果园的人，还在果园里专门建一个小屋子，供看峦子的人住，看峦子的活儿一般要找长相有些吓人又比较严厉的彪形大汉，为的是防止有人来果园里偷果实，因此，这个看蛮子的人虽然睡在果园里，但可不能真的睡得香甜，因为他要时刻防着人来偷果子。水果几乎人人都爱吃，所以有俗语说"瓜果梨枣，谁见谁咬"。尤其是在缺衣少食的年月里，水果更成了奢侈品，因此，乡村的男孩子很少有人小时候没偷过果子的，因为那果子实在太诱人，他们往往几个人约好一起"作案"，有放风的，有做掩护的，有专门摘果子的。如果没有被看恋子的人发现，他们便可以敞开肚皮吃一顿，吃累了，就睡在满是果香的果园里，那得有多美啊！但这往往只是想想而已，实际情况大多是，他们刚进了园子，还没等开始行动，就被看恋子的人发觉了，于是一通狂跑，被抓住后凶一顿，或是告到老师和家长那里也是常事。

所以"睡到果木园里了"的说法并不是实指，而是对睡得香甜的贴切比喻，多用来打趣别人，也可以自嘲。民间对起晚了有多种表达，比如"日头照屁股了""一觉睡到大天实亮""日上三竿了还没起""阴天不觉日头儿高""一觉睡到自然醒""美美地睡了个回笼觉"，等等，都是说睡觉睡得香甜，但都不如这句"睡到果木园里了"美，这句话是带着甜香味道的。

如今，香甜的水果随便吃，但香甜的觉不是每个人都能享有的，有的人是失眠睡不着，而有些年轻人则是生活全无规律，晚上不睡觉，早上不起床。中国睡眠医学协会曾发布过一份调查：90%的年轻人猝死，都与熬夜有关，而超过70%的年轻人有熬夜习惯。

人体拥有自己的生理时钟，按体内生物钟的节律安排作息，能提高工作效率和学习成绩，减轻疲劳，预防疾病；反之就会感到疲劳和不适，久之身体就会出问题，甚至发生意外。古人根据一天里日出到日落的规律、天色的变化，结合自然界动物的习性将一天分为 12 个时辰，人类在各个时辰也有相应的活动或习惯。因此，还是要遵循自然规律，顺应天时，调节好工作和休息的节奏，希望每个人都能像"睡在果木园里"一样，天天睡一个香甜的好觉，迎接每一个新生的太阳。

桃木人　柳木人

生活中若有人比较木呆，不活泛，尤其是人家跟他说话时他没有反应没有表情，人们就说他"和木人一样"；有人做事能力差，不能胜任某事却有些不自量力，人们就会说他："桃木人柳木人就能做得了这事？"什么是桃木人、柳木人呢？就是用桃木、柳木刻成的人偶，桃木人、柳木人不是人，自然做不了事情，可是桃木人、柳木人有何特别之处？这怕是要从民俗信仰中的灵物信仰说起了。

首先说桃木，桃木又名仙木、降龙木、鬼怵木，自古以来就有镇宅辟邪、驱邪纳福之说，寿桃更是健康长寿的象征。溯其根源，上古神话中，桃木即已出现，夸父逐日的神话中说，夸父死后，手中的杖化作一片邓林（桃林），盘曲三千里之遥而仙气不散，世人取其之制符，百鬼畏之。

另一种说法与度朔山上的桃树有关。汉代王充引《山海经》

文说，大海中有一个度朔山，山上有一棵大桃树，其枝干盘桓三千里，桃树东北面的枝干间有一个鬼门，所有的鬼都从此门进入。门旁有两个神人，一个叫神荼，一个叫郁垒，主管所有的鬼。看到有作恶害人的鬼，就用苇索捆了喂老虎。既然鬼都怕桃木下的这俩人，所以后来过年的时候，人们就做两个桃木人，或在两块桃木板上刻上他们的名字，代替这两个神，来驱灾压邪，称之为"桃符"，王安石诗"千门万户曈曈日，总把新桃换旧符"中的新桃、旧符即指此，后来演变为贴门神和贴对联。

桃木的神力也延至其他民俗中，人生仪礼、节日习俗或日常家居都有其身影。旧时除夕，将先祖们请回家过年之后，要在门口放一根桃木的拦门棍，以挡住一切邪祟；端午节门上要插桃枝和艾蒿，以驱毒辟邪；生了孩子的人家要在门口插桃枝，不使邪祟侵扰了产妇和孩子；人们日常也会佩戴一些桃木饰物，家里悬桃木斧、桃木剑等，以求平安。

柳木的辟邪功能虽不似桃木那样为人所熟知，但民间向有以桃弓柳箭削减煞气的做法，柳木也号称"鬼怖木"，可以打鬼，《齐民要术》有"取杨柳枝著户上，百鬼不入家"之说。因此在古人观念中，柳树不是普通的树木，它有

着神奇的效用。

　　古时，寒食废旧火，清明取新火，以示除旧迎新。清明这一天，宫中有钻木取新火的仪式，民间也多以柳条互相乞取新火。因为春、火同属阳，柳树在春天率先返青，人们用柳枝点燃新火，取顺应阳气的意思。清明还有插柳戴柳的习俗，认为这样做能接阳气、迎吉祥、避邪祟。家家户户将柳条插在门上，据说可以"明眼"，也就是能明辨鬼邪，看住门户。把柳枝做成环状戴在头上，民谚曰："清明不戴柳，红颜成皓首。"其中表达了对万物新生的喜悦，柳树春天发芽早，秋天落叶晚，加上柳树易栽易活的特性，有顽强的生命力，民谚表达的便是希望如柳树一样焕发生机，永葆青春，究其实质，是对生命的珍惜、对人生的眷恋。

　　无论怎样的不愿老去，红颜终是成皓首；无论桃木、柳木刻成的人偶多么神灵，终也还是一截木头，说它们有什么功用，都是人的心理作用使然。民间用桃柳辟邪是古代观念的遗存，用来表达祈愿安康的美好愿望。世上没有人真见过鬼，因而怕鬼之人必是心中有鬼，孔子所言："内省不疚，夫何忧何惧？"也正是民间所谓"不做亏心事，不怕鬼叫门"。故而，心正方为根本。

拖倒公，拉倒婆

"拖倒公，拉倒婆"是胶东民间的一句常用语，一般用来指称某人干活儿不利落，如动辄摔个盘子打个碗，一会儿把凳子碰倒了，一会儿又被门槛绊了一下，等等；也用来说那些自己不能独立做好一件事情，需要依靠别人的人。

这话原本是用来数落媳妇的，过去的婆媳关系就像一对天敌，普通人家的女儿嫁到了婆家成了媳妇之后，那么她操劳吃苦的生活就真正开始了，不说要看婆婆的脸色，单说家务活儿上，里里外外、缝缝补补、洗洗涮涮，那是绝对要勤快、能干，还要手脚麻利干活儿效率高，只有这样，才被认为是称职、合格的媳妇，稍有懈怠，就会被婆婆数落，甚至责打。遇上厉害的婆婆，那媳妇的苦楚就更无以言说了，被虐待折磨致死的现象也是有的，民间故事中的丁姑传说、颜神传说都是这一类现象的典型。到现在，人们看到有的人低眉顺眼的，还会说就像个"受气的小媳妇"。

生活中确实有的女人天生显得笨拙些，与之相对照的便是那些巧女子。民间故事中赞颂女性聪明、灵巧的故事特别多，以至于形成了一个"巧媳妇"故事类型，主要塑造宗族文化背景下具有机智、手巧、善辩、勇于抗争等人格特征的已婚妇女形象。为什么人们会如此推崇巧媳妇？不争的事实就是，女人对于一个家庭至关重要。中国的家庭自古奉行"男主外，女主内"的原则，因此，操持家务、人情往来都是女人的事情，对女人的女红和炊事要求尤其高，所以谁家娶了一个好媳妇，人们会说是"祖上烧了高香"，那会是一家人的福气，她会相夫教子，会将家人上到公婆，下到小姑子小叔子，再向外延展到两边的亲戚朋友，打点得周周到到熨熨帖帖，也会成为邻里间姑娘媳妇们的中心，这样的媳妇自然是老人们心中的好媳妇楷模，被人们认为是"有活计""活计好"。有了这样的对照，也难怪那些笨手笨脚的媳妇会被公婆所嫌弃。

如今的媳妇，不必担心这些问题。不用洗衣服，由洗衣机代劳了；不用缝衣服、缝被子，更不用做那些永远做不完的鞋子，从繁重的针线活儿中解放了出来；不用烧火，即使做饭也简单得多了，电气化的厨房用品把女人从厨房里也解放了出来，哪天不愿动弹了，连果腹的饭菜也不用做，叫个外卖就解决了问题；甚至请家政服务人员来照料生活，吃穿用度，只要有钱就可以衣来伸手饭来张口。尤其是如今的媳妇根本就不跟公婆住在一起，一般是一结婚就分开单过，即使什么家务也不会，即使手脚再笨拙，也没有婆婆说她"拖倒公，拉倒婆"了。年轻的媳妇们，像过去那样在生活上尽心侍奉公婆的习俗基本上荡然无存，甚至倒过来让公婆为她们带孩子、去老人家里蹭饭吃，成为"啃老一族"，真正是"拖倒了公，拉倒了婆"，把老人们拖累得不轻，新旧时代的婆媳关系可以说是典型的乾坤大反转。

时代变了，俗语却留了下来。而无论时代怎么进步，女人的天性还在，除了温柔，女人还是应该精致灵巧一些，使生活有条有理，既能上得厅堂，又能下得厨房，将一家人的生活调理得温馨而快乐。

脱了孩子皮

有新闻报道说，云南 74 岁的李应来老人为了让 96 岁的母亲开心，穿女装起舞，可谓是现代版的"戏彩娱亲"。

"戏彩娱亲"是古代二十四孝之一，说的是老莱子的故事。他孝顺父母，拣尽美味供奉双亲，70 岁尚不言老，常穿五色彩衣，手持拨浪鼓如小孩子般戏耍，以博父母开怀。有一次为双亲送水，不小心摔倒，为了不让父母担心，装作假装摔倒的样子，躺在地上学小孩子哭，惹得二老大笑。有诗赞曰："戏舞学娇痴，春风动彩衣。双亲开口笑，喜色满庭闱。"故事里的老莱子真的是一个老顽童了，可是有父母在才是真正意义上的"顽童"，没有什么比环绕在父母膝前更欢愉的了，也没有什么比失去双亲更悲哀的了，守在父母身边才是真正的放心与安稳，不用远山远水地担心他们的冷暖温饱，惦记他们的身体是否安康。

生活中，若是谁顽皮搞笑，人们常会笑说他没脱孩子皮，意思是说他没长大，而人只有在父母面前才会觉得自己没长大，因为凡事有父母可依赖，等到父母双亲都走了，就再也不是孩子了，这就叫"脱了孩子皮"。有人说："父母在，家在，父母不在，家就成了故乡。"是的，父母在，我们是父母的孩子，父母不在了，我们再是谁的孩子？

从孩童时候就是，孩子饿了累了，想到的第一个人就是娘，找到了娘就找到了一切，而娘在哪里，家也就在哪里。家是这个世界上最安宁的地方，在许多时候，对很多人来说，母亲就是家的代名词，家就是娘，娘就是家，有娘的家才温暖。而当这个世界上最疼你的那个人去了，家就再也不是家了，或者说没有了过去那个家的味道与氛围。有俗语说："一亩地得有个场，一百岁得有个娘。"不种庄稼的人不知道场的重要，母亲健在的人也不知道失去母亲后的悲伤，这句俗语极言母亲对于一个家庭、对于孩子的重要。没有了娘亲，从此就成了没娘的孩子，没有人记得你最爱吃什么，没有人守在窗前看着你离家又等着你回家，没有人为你的头疼脑热而焦虑不安，也没有人为你出个差而担惊受怕，没有了，再也没有人能这样无私地不计回报地爱着你。

人生在世，谁都不能抗拒生老病死的自然规律，也深知父母不可能永远陪着我们，道理真的都懂，可是还是希望他们走得迟些再迟些，伴同我们的时日长些再长些。"子欲养而亲不待"是人生的大悲哀，这是双亲健在的孩子体味不到的一种痛。由衷地羡慕那些尚有父母疼爱的孩子们，无论你多大年纪，回到家，进门能喊一声"爸妈"，那是多么幸福的事情！

碗底下有肉

在当今物质极大丰富的时代，人们吃肉吃腻了的时候，都想着法儿地少吃肉或不吃肉，而且，也一直有养生专家在呼吁，人不能过多地吃肉。可是，在曾经很长的一个时期，能吃上肉竟成国人的一种奢望。

在生活困难的年代，吃肉就是生活好的标准之一，也是贫富差距的明显指标，甚至有俗语说："吃肉垫饥，别告诉穷人。"其实，告诉了也吃不起。家庭条件好的人家才有可能吃上肉，条件差的人家肚子都吃不饱，更不用说吃肉了。不止没有肉，油也吃不起，普通人家大多吃熥菜、腌菜、煮菜，由于菜里很少见到荤腥，所以就有了以下的场景：其一，某次如果菜里有了一点儿肉，可是孩子多肉少，谁多吃了谁少吃了，如何分配就成了问题。放在菜的上面一目了然的话，馋嘴的孩子们必定会先将肉吃掉，而吃了肉再吃后面的菜就索然寡味，无奈的母亲们就把菜分到每一个孩子碗里，把一块肉放在每人的碗底，给孩子们最后来一个惊喜。其二，由于一年到头吃粗粮，菜里又没有油水，饭菜单调又难以下咽，小孩子不懂事，难免不爱吃，母亲艰难得没办法就哄着孩子说："快点儿吃，使劲吃，碗底下有肉。"这也便有了"碗底下有肉"或者"肉在碗底下"的说法。

吃到碗底就有肉吃了，母亲藏在碗底的那块肉，是对孩子忍耐力的培养，也是对孩子的一种奖赏。可是碗底下到底有没有肉呢？更多的时候，肉只是一个虚设的诱饵，让孩子想着肉香去吃下这碗饭菜，后来就成了常用的俗语，以至于有肉没肉的时候都这样说，主要为的是让孩子好好吃饭。现在再也不用把肉藏在碗底了，但这句话人们却还常挂在嘴上，被人们借用来比喻把最好的留在最后。若最精彩的看点在后头，或最大的福利在后面，或结果揭晓真相大白的时候，人们常会惊呼出这句"碗底下有肉啊"；有人若想吊吊别人的胃口，也会说：

"别着急，耐心等待，肉在碗底下。"

近年来，网络语频出，年轻人用"你是我碗里的菜""你不是我碗里的菜"，表达你是不是我喜欢的类型，你适不适合我；据说由某广告而来的那两句"快到碗里来""你才到碗里去"，也成为时下网络和新闻媒体上的流行语，有年轻人也会借用这两句话来表达好感或表白感情。

时代变了，现在的生活富裕到只要你愿意就可以顿顿吃肉，吃蔬菜反而成了人们追捧的健康生活方式，过去碗里的肉也变成了碗里的菜。语言是生活的写照与实录，时代在发展，语言也在变化，无论怎么变，都能从生活中寻找到其产生的语源。

无鱼不成席

胶东人热情好客，尤其体现在待客的宴席上。以酒食待客称为"伺候客"，菜肴不称"个"，也不称"盘"，而是称"些"，无论多少"些"菜，无论哪种席制，酒席上必须有鱼，所谓"无鱼不成席"。一般是第一道菜为鸡，最后一道菜是鱼，鸡打头，鱼扫尾，组成"吉"庆有"余"。

同样是吃鱼，胶东沿海也有不同，烟台大多是最后上鱼，青岛、威海一些地方则是上两道鱼，中间和最后各上一道鱼。如"八些"菜，第四"些"和第八"些"为鱼；"十六些"菜，第八"些"和第十六"些"为鱼。这种中间上鱼的规矩叫"鱼拜客"，吃鱼前要先干杯，否则就是失礼。这个习俗让许多初来乍到的外乡人"吃闪",鱼端上来以为菜就上完了,可以放开喝了,不想后面还有一半的菜没上,所以经常有外乡人第一次参加酒宴就会喝多。

宴席必有鱼,吃鱼的讲究也多,海边人尤甚。一般不吃淡水鱼,鱼要上整尾的,在沿海地方还有"无鳞不成席"的说法,也就是说一定要是带鳞的鱼,特别是婚嫁等喜庆筵席。人们认为这"鳞"的含意有二:一是大多数鱼的鳞是圆形的,与古钱币形相似,鱼,"余"者,谓之钱财有余也;二是无鳞之鱼体光滑似木棍,与"光棍"之意隐联,用于婚宴有绝后之说,为人所不喜欢。蓬莱更有"无加吉鱼(鲷鱼)不成席"之说,喜庆筵席上,红鳞加吉比黑鳞加吉更受人青睐。海阳西乡则认梭鱼,尤以开冰梭最为鲜美,当地人家盖房上梁、结婚将媳妇,必须有梭鱼,所谓"无梭不成席"。乳山上席的鱼称之为"盘鱼",对于做"盘鱼"的鱼也格外挑剔,以鲞鱼(白鳞)和梭鱼最佳。白鳞鱼的学名叫鲚鱼,民间有句俗语,叫"来时鲥鱼去时鲚",是说产卵前的鲥鱼和刚产完卵的鲚鱼均为鱼中珍品。有时候因为季节或者天气原因,不合适出海,或者出海也不一定能捕到需要的鱼,加上过去又没有冷藏设备,不可能时时都有合适的"盘鱼",所以乳山有句俗语:"能应许(答应的意思)人一头猪,不能应许人一条鱼。"实在没有鲜鱼的时候就用干鱼替代,而不临海的中部山区一带或家境贫寒的人家,过去过年的时候上供和待客时只好用木头鱼来充当真鱼,真可谓是"无鱼不成席"。

胶东人吃鱼有相同的规矩，如"客不翻鱼"，就是说客人只能吃鱼的一面，即使翻鱼也不能说"翻"，而要说"划"过来。也有相悖的习俗，如胶东西部有主人先抠鱼眼敬于客前的习俗，叫"高看一眼"，是很高的礼遇。客人表示客气，又以筷夹此鱼眼往鱼上一抹，意为"大家吃"；但在胶东东部，抠鱼眼则是砸席逐客之举，主人抠鱼眼，是无声的逐客令，客人抠鱼眼，则暗指东道主不长眼珠，即做事不周到。再如，海边虽说讲究不吃无鳞之鱼，但荣成婚宴上要吃"劳板鱼"（学名孔鳐），谐音"老伴"，以表达希望百年好合白头偕老之意。

酒席是最见待客之礼的场合，胶东宴席上的一道鱼，就有这诸多的习俗，可见胶东民间尚礼之风。无论是什么规矩什么讲究，禁忌也好避讳也罢，都表达了人们对生活美好的希冀。

五月端午的猴儿

端午是夏季的节日，此时阳气最为旺盛，蚊虫渐多，毒气重，容易滋生传播疾病，以蛇、蝎子、蜈蚣、壁虎、蟾蜍为代表，称为"五毒"，过去人们又认为生病是邪祟之气侵入所致，于是端午节的许多民俗活动都与驱毒辟邪有关。

胶东的端午从五月初一就开始了，五月初一这天称"小端午"，五月初五称"大端午"。大门是民居最重要的出入口，人们历来重视对门的装饰，蓬莱、龙口、长岛等地的人家，会在大门门槛上贴一对用黄纸剪的牛，在门窗上贴剪五毒剪纸或贴艾虎、葫芦、黄牛、桃、狮、鸡等剪纸，这些剪纸的题材在俗信中都有辟邪之功用。如剪纸葫芦，民间称之为"收毒葫芦"或"消灾葫芦"，贴葫芦要与七星宝剑相配，宝剑有辟邪驱魔斩妖之用，南方端午多悬菖蒲以代剑，长岛的端午剪纸则以剑代菖蒲。菖蒲全株芳香，可做香料或驱蚊虫之用，茎、叶可入药，其叶长一二尺许，因叶心呈脊状，如剑，因此也称剑草，用意十分明显。端午剪纸一般以黄色为主色，也取辟邪之意。

端午节，更多的人家是在门楣上挂一把用红布系在一起的艾蒿、桃枝、铃铛麦（即野燕麦，乡人也称瞌睡草）、麦穗、大蒜等，贴剪纸和插挂这些应节物就跟过年节时贴门神贴对联是一样的道理，既是节日门饰的点缀，又能辟邪祈福。

端午门上悬艾最为普遍，艾蒿有芳香之气，有驱蚊虫之效。此时的艾蒿最应节令，人们说"端午前的艾蒿是个宝，端午后的艾蒿是棵草"，说端午前的艾蒿药性最好。除了挂艾之外，还用艾叶做成香包，戴在身上，起防蚊虫的作用，或做"艾虎""艾人"来驱灾辟邪。其他的物件里，桃枝的辟邪作用自不必说，除了插桃枝，人们还用桃木做成小斧子佩戴；铃铛麦和麦穗，因其尖端有芒似剑，当然浮麦还是中药，能除虚热止汗，铃铛麦摇曳时会发出响声，民间说插它为的是不瞌睡有精神；大蒜则有消炎杀菌抗病毒作用。

胶东长岛、乳山等地还有端午节在门上挂布猴子的习俗，布猴子大多是孙悟空的造型。齐天大圣孙悟空是中国百姓妇孺皆知的人物，一路降妖除魔保唐僧西天取经，让他为自家看守着门户，自然是可以挡住一切邪魔。

端午用的这猴子一般用黄布来做，一来悟空的衣服颜色为黄色，当然用带长绒的黄布做成毛猴来更为逼真；二来黄色也是端午的专用色。布猴子的形象有的就像孙大圣一样手擎金箍棒，玉宇澄清万里埃；有的手拿扫把，寓意将一切不祥之物全部扫地出门。这种布猴子，可以每年都用同一个，端午节的时候拿出来挂在门上，过完端午节再摘下来放好，来年再用；也有的人家常年挂在门上，第二年端午再换新的。

挂布猴子的作用主要是驱灾辟邪，所以并不在意制作者的女红手艺是否好，因而多加工粗糙，不求精美，有一个猴子的轮廓即可，这也便有了这句歇后语：五月端午的猴儿——擤（出）上了。"擤"是一种缝纫工艺，指用手工缝制，方言有"揪聚"在一起的意思。"擤"在这里谐音"出","出上了",即能出脸、脸皮厚的意思,是熟悉的人之间用于开玩笑的话,如果用来说不熟悉的人,就有些不敬了,往往会引起误会。山野中的真猴子一般瘦而灵活精干,民间说某人瘦常会说"像个瘦猴儿一样",于是说人长得瘦而干巴,也会调侃道"长得像端午节搐的猴儿似的",甚是形象。五月端午不光挂布猴子,还贴猴子剪纸,当地还有一句俗语:"五月端午的猴儿,四月八就贴出来了。"这句话的字面意思是说人急性子,"贴"的话外之音则是形容某人脸皮厚。

民俗固然有趣,民间语言更是生动。生活的智慧到处都是,端午节人们用药用植物祛病辟邪表达祈求安康的愿望,而生活的情趣也到处都有,一句玩笑话也有出处,俗语为习俗做了注脚。

媳妇踩婆脚

人走路时,与走在前边的人跟得太紧才会踩了对方的脚后跟。俗语说"媳妇踩婆脚",意思就是媳妇跟着婆婆的脚步走,跟到都要踩到脚了。这句话还有一个说法是"媳妇趋婆脚",小步疾走为"趋",即紧跟的意思,所以有成语"亦步亦趋"。"踩"与"趋"一俗一雅,都可见俗语用词之考究。

　　生活中，常见有的家庭婆婆大方贤惠，媳妇也端庄温婉，令人艳羡，但也不乏一些因鸡肠雀肚的小事而闹得鸡飞狗跳的婆媳。

　　媳妇踩婆脚，一般说的是后一种现象。说来也怪，有些媳妇在性格、行为上确实与夫家人相似，常常是婆婆计较，媳妇也计较，婆婆厉害，媳妇也不是善茬儿，一样的脾气秉性，所以常常有矛盾，小则一天吵三次，大则大打出手闹上法庭的也不少见。遇到这样的人家，街坊四邻就会说一句"媳妇踩婆脚，学也学会了"，言外之意，是婆婆没有起到好的表率作用。有时候这话也用在警示媳妇上，如果有的媳妇对婆婆不好，人们就会说，小心你以后将个媳妇趄婆脚，媳妇跟你学，也不孝敬你。

　　婆媳之间之所以会有矛盾，有人说是因为"不是一家人，不进一家门"，这话虽有些宿命，但也有一定的道理。因为当初选媳妇的时候就会选那些跟自己性情差不多的，也就是跟自己三观一致的，可是真正过起日子来，性格相似的人常常是针尖对麦芒，矛盾便尖锐了；另外，确实跟婆婆有关，受婆婆的影响，或是按照婆婆

的要求去做，久而久之也就一样了。

其实，婆媳闹矛盾的根由在于各自都站在自己的立场上，各人觉得各人有理，不为对方着想，太计较。遇到这样的婆媳，民间又有话说，说一个巴掌拍不响；说凡是打起来，就没有一个好的，有一个好的打不起来；说老没有老样，小没有小样，谁也不用说谁，都该找找自己的毛病；说都只看见人家耳朵后的灰，永远也不会好。

这些话简直太精辟了，有道是"两好㧟一好"，任何人都一样，婆媳亦然。"跟什么人学什么人，跟着巫婆会跳神"。一方面，婆婆要做事公道、体恤媳妇，媳妇也该孝顺尊重婆婆。既然是一家人了，就是天大的缘分，好好磨合适应，有了矛盾各让一步，怎么也不会到水火不容的地步。

媳妇和妈同时掉到水里先救谁？这个永恒的选择题令太多的男人无所适从，一个是生养自己的妈，一个是要共度大半生的妻。所以，婆媳闹矛盾，这中间有一个人最关键，那就是媳妇的老公、婆婆的儿子，这个具有双重身份的男人是婆媳关系最好的维系者和矛盾调和者。婆媳关系不好的家庭，中间的这个男人要么是个妻管严，要么是个妈宝男。他应该像一个磨芯一样，不偏不倚，并在中间巧妙周旋，而不是偏袒于某一方，或是无能为力，任凭两个女人去争斗。

人们常说："一代没好妻，十代没好子。"选妻如此，选夫也一样，可见选择伴侣是事关后代子孙的大事，马虎不得。

"瞎先生"与"灰八爷"

源于万物有灵观，民间信仰中有很多古老的自然崇拜，其中对动物的崇拜主要体现在对"五大家"上。"五大家"也叫"五大仙"，包括狐狸、黄鼠狼、刺猬、蛇和老鼠，民间俗称"狐黄白柳灰"，或称"灰黄狐白柳"。

"五大家"长期与人类伴生，它们常常对人们的生活造成一些伤害或困扰，于是民间普遍认为它们有些亦妖亦仙的灵异，倘若人们敬奉它们，就会得到福佑；如果侵犯了它们，它们就能用自己的奇异本领对人类进行报复，使人类受到不同程度的惩罚。因此，从前民间的许多家庭都会供奉"五大家"的神位，坊间也有许多关于它们的灵异传说。民间对它们又敬又畏，既然奈何不了它们，那只有敬着它们，还根据其名称和特点赋予它们人的姓氏，常常附会为胡三太爷（狐）、黄二大爷（黄鼠狼）、白老太太（刺猬）、柳（常）四爷（蛇）和灰八爷（老鼠），以示尊敬与亲近，希望与它们和谐友好相处，不要给自己带来祸患。

在"五大家"中，老鼠与人类关系最密切，人们对老鼠还有别的称呼，称老鼠为"瞎先生"，生气的时候则说"瞎眼子"，想来这"瞎先生"的称呼也极恰当，民间算命打卦的多是盲人，人们也尊称他们为"先生"，而老鼠一般在夜里出动，不用光亮不用看就能准确知道哪里有好吃的，这能掐会算的功夫不也正如算命先生一般了吗？而实际上，民间对老鼠的崇拜也正是因为它昼伏夜出，行踪难测，因而被认为有很高的智慧而被神化，有人将其视为仓神，在民间填仓节时祭祀；也有的认为鼠能预知未来，能掐会算，也能使人致富，故又将其视为财神，希求它在黑暗中为主人家运来财宝。

对"五大家"的这些民间叫法，实际上都源于古时候的避讳习俗。避讳是指避免直接说出或写出君主和尊长的名字，起名字也得避讳，否则就是不恭不敬大逆不道。《公羊传·闵公元年》："春秋为尊者讳，为亲者讳，为贤者讳。"尊者、亲者、贤者，概括说就是"天地君亲师"，合称"五圣"。古代人有名有字，一般人也只能称呼字而不能叫名，更不用说帝王尊长了。就是说不能呼天叫地，凡是帝王圣贤尊长都不可直呼其名，过去尊师重道之风盛行，老师因为对于学生影响甚大，地位极高，有"一日为师，终身为父"之说，因此，老师也位列其中。同样，对于这些被人们奉为神明的动物，不仅不直呼其名，而且还称它们为"爷"，可见是如何的尊敬有加。

现代社会，人们百无禁忌，对谁都可以指名道姓，美其名曰不拘小节、平等民主，动物们更是不在话下，不只可叫名字，更成为某些人舌尖上的美味。有些人可能忘记了，无论什么动物，都与我们共存于大自然中，迷信自不可取，但存有敬畏之心，心怀美好，不伤害动物保护环境却是自然之理，只有这样，人类才能与动物共同享有这个美丽的地球家园。

下柬肉　鸳鸯肉

婚姻是人生大事，一贯受到人们的重视，习俗也最多。在胶东牙山一带流行着姑娘结婚前给亲戚朋友送"下柬肉"的习俗，或直接说"送肉"。

下柬与我国古代的婚嫁习俗相关，古时候有一整套复杂烦琐的婚嫁礼仪制度，婚礼有六个阶段，分别有不同的仪式相对应，各有名称，这就是"六礼"，即纳采、问名、纳吉、纳征、请期、亲迎。

其中的纳吉、纳征就是现在的订婚，又称定亲、放定、聘定，是指男女双方确定婚姻关系，称"放小定"和"放大定"，即定亲和下聘礼。山东民间又常称订婚为"传启"，有"传小启"和"传大启"之分。

传小启，也称作"换柬""换帖""下通书""过小帖"等，是双方初步落实婚姻意图的一种书面形式，用现在的话说就是男方向女方求亲。传大启，也称作"下柬""传柬""过大帖""换大帖""双换柬帖"等，是旧时正式签订婚约的一种形式。大启即正式的婚书，等于现在的结婚证书。

"下柬"之后就会定好结婚日期，男方在结婚前两三个月，要给女方送日子并带来"下柬肉"，所带猪肉数量根据女方家的亲戚来往多少而定。女方接到肉后，要分给自家的亲戚和有来往的关系，并挨家挨户亲自送上门。一般的来往关系送两斤，重要的亲戚每家给四到六斤不等。送肉实际上也是将自己的婚期告知亲朋，肉送到了，也等于下了请柬了，届时大家会去参加婚礼，去不了的也要随礼，过去主要是被面、台布什么的，现在都是礼金了。若该送的下柬肉没送，肯定就是亲戚间出现了嫌隙，而没收到肉的人家也不会去参加婚礼。

牙山周边为山区，是牟平、乳山、海阳、栖霞四地交界的地方，过去这个地方人们的生活较胶东其他地方要困难些，肉更是难得吃到的副食品。婚俗中，人们采用这种昂贵而正式的方式高调宣布婚事，比起别处只捎个口信就算通知了的做法，实在是将婚事重视到了极致。

婚礼前，男方要提前一两天到女方家搬嫁妆，来时要带一副猪蹄和鸳鸯肉，猪蹄还要退回给男方，意味着两头跑。"鸳鸯肉"即四根带肉的肋骨，用红线绑系，象征两家从此骨肉相连割舍不断。女方家留下两根，给男方家回过去两根，结婚这天，两家都用这"鸳鸯肉"给新人单独包饺子吃。鸳鸯是人们熟悉的水禽，其习性是"止则相偶，飞则成双"。因而，千百年来，鸳鸯一直是夫妻和睦相处、相亲相爱的美好象征，鸳鸯戏水也成为婚嫁中常见的元素，剪纸、年画、枕头、门帘、被面上处处可见，就连普通的猪肉因为所用的场合不同也美其名曰"鸳鸯肉"，一切无非是寄托了人们对新人的几多期许、几多祝福。

这"鸳鸯肉"很容易让人想到《圣经》里写的上帝用亚当的一根肋骨创造了夏娃，从此有了人类的繁衍，这是西方的大神造人说。胶东的山里人用这骨肉相连的"鸳鸯肉"比喻夫妻相连，更显浪漫而诗意。

小嫚儿脚挓挲着

胶东方言有"挓挲"一词，使用频次还不低，意思是张开，不收束，如说"孩子挓挲着两只小胳膊扑进妈妈怀里"。由此意义引申开去，胶东人将违背了某种规矩，或不守规则不服管教，放纵甚至是放肆的行为也叫作"挓挲"。并且在表达这个意思的时候往往还说"你看你，小嫚儿脚挓挲着"，或者说"小嫚儿脚挓挲开了"，再重一点儿还会说"小嫚儿脚挓挲上天了"。

这句话的语源要从包脚说起。包脚，也称缠脚、裹脚、扎脚，这个被林语堂叹为"中国人感官想象力最精致的创作"，起源于五代。元末陶宗仪《南村辍耕录·缠足》："李后主宫嫔窅娘，纤丽善舞，后主作金莲，高六尺，饰以宝物细带璎珞，莲中作品色瑞莲，令窅娘以帛绕脚，令纤小屈上作新月状，素袜舞云中，回旋有凌云之态。……由是人皆效之。"当为中国古代缠足之始，"三寸金莲"也由此得名。

包脚的女子要从幼年开始裹束自己的脚，慢慢地拗折脚部的骨骼，使脚变为畸形。中国古代的缠足历史可以说是那些年代女子们的一部血泪史，所谓"裹小脚一双，流眼泪一缸"。女子一般从六七岁时就开始裹足，先用热水烫脚，使脚温热柔软，然后将脚拇趾外的四个脚趾向脚底弯曲，紧贴脚底，并在脚下趾间涂上明矾以抗菌杀毒，燥湿止痒，用裹脚布裹紧。其间要经过裹脚趾、裹脚头、裹脚面几个步骤，甚至还会裹进碎瓷片行走，以至于脚化脓溃烂，所谓"不烂不小，越烂越好"。时间一长，脚就变得脚底凹陷，脚背隆起，弓弯短小，脚的长度会被缩短，就裹成了一双"理想"的小脚。

缠足，无疑是一种摧残肢体正常发育的行为，可就是这酷刑一般的陋习竟深入人心，屡禁不止。不包脚就嫁不出去或者不能嫁个好人家，所谓"门子要紧脚要紧"，把女孩子包不包脚看得同自家门户一样重要。脚的大小成了审视女子是否美的标准之一，甚至一度成为社会地位、贵贱等级的标志，可见此观念害人之深。为了迎合一些男人畸形的癖好、病态的审美，女子们甘愿遭受伤残之苦，其愚昧至极令人可悲可叹，实谓最可令人诟病的陋习。

近千年间，缠脚这一陋习禁锢了女性的双脚，给她们带来了极大的痛苦，不仅限制了女性的出行和活动，更禁锢了女性的思想，"小嫚儿脚挓挲着"这句俗语即为见证，民间语言之准确严密也令人叹服。过去，胶东人称小女孩儿叫"小嫚儿"，有的人家女孩子连名字也没有，干脆就大嫚儿二嫚儿三嫚儿小嫚儿依次叫下来。为何是"小嫚儿"，因为长大成了"大嫚儿"就错过了包脚的最佳时间；小嫚儿的脚为何不能挓挲着，因为挓挲着就不能包出好形状；脚定型后也不能挓挲着，因为要随时包着裹脚布，不能随便让人看到自己的身体部位。脚不挓挲才能包好，人不挓挲才能听话，如此，裹足不前、足不能出户的女人们就更容易被封建思想所愚昧。

现在，胶东还有这种称小女孩儿为"小嫚儿"的叫法，但缠足陋习早已像那又臭又长的裹脚布一样，被扔进了历史的垃圾堆里，一去不回。如今的女人们，拥有自己的一双天足，可以迈开大步遍走天下。

新媳妇乍贤

父母之命媒妁之言的时代，大多数女子婚前与未来的夫君都不曾谋面，对自己将来的生活一无所知。婚后走进了一个新的家庭，要在一个之前她完全陌生的环境里度过余生，一切都从零开始，面对她的是刁难折磨还是尊重怜惜，全然是个未知数。

有道是"丑媳妇早晚得见公婆"。无论情愿还是不情愿，既然嫁了，就要面对一切，但每个女人的心里都是惴惴不安的，有两首唐诗反映了这种心理和现象，朱庆馀有《近试上张水部》："洞房昨夜停红烛，待晓堂前拜舅姑。妆罢低声问夫婿，画眉深浅入时无？"诗人以新嫁娘见公婆前的不安，比喻自己不知道能不能得到考官的赏识，能不能金榜题名的焦急与期盼心情。虽是比喻，却是生活的写实，描摹了新嫁娘拜见公婆之前的心理状态。古代的婚俗是，头一天晚上结婚，只有新郎一人见到新娘子的真容，第二天清早新妇才拜见公婆，给公婆敬茶，叫第一声爹妈，即敬茶礼俗，属于正婚礼后的婚后礼。

做媳妇，不仅要有容貌还要有活计，唐代另一位诗人王建的《新嫁娘》写新媳妇第一次下厨的情形："三日入厨下，洗手作羹汤。未谙姑食性，先遣小姑尝。"这里反映的是"妇馈舅姑"的习俗，一般意义上说，正婚礼后三天，新妇的生活一切如常，开始下厨做饭。第一次做饭心里没底，就让小姑子先尝一下味道。这位新娘很聪明，她抓住了两个关节点：一是婆婆，婆婆是这个家庭的中心人物，跟媳妇打交道也最多，只要婆婆满意了，其他人也就没有异议了；二是小姑子，因为小姑子与婆婆的特殊关系，小姑子自然是一个很好的沟通桥梁。

胶东则有一句说新嫁娘的俗语叫"新媳妇乍贤"，说的是刚嫁过来的新媳妇都是勤快、贤惠的，这是人之常情，无可厚非。

实际上不止是新媳妇，初见谁都想给人留下好印象。因而这句话并不全是指责、讥讽之意，说的只是一种普遍的人性，所以可以用来说自己，也可以说别人，泛指做事情开头做得好却坚持不了多久的现象，与常说的做事"三分钟热血"同义。这"新媳妇乍贤"与"画眉深浅入时无""先遣小姑尝"一样，不外乎是新娘子想给婆家人留下一个好印象。

　　古代婚姻的动机之一是"得内助"，古时候对女子的最高评价莫过于"贤内助"了，贤内助什么标准呢？《孔丛子·嘉言篇》里说要"上以孝于舅姑，下以事夫养子"，还要"主中馈"（主持饮食）；女四书之《内训》说："夫治丝执麻以供衣服，幂酒浆、具菹醢，以供祭祀，女之职也。"也就是说，过去的女子在家里有繁重的家务和做不完的女红。因而，也就难怪新媳妇们要心思缜密，谨慎小心，加上微妙的婆媳关系，新媳妇们就更加忐忑不安，如履薄冰了。

　　婚姻如同投胎。结婚，是一个新的起点，新媳妇怎么样，不能只看刚开始的表现，是否是本色，是否能坚持"贤"下去，还得过起日子才知道；各家的媳妇好不好做，媳妇在这个家庭中的地位和命运如何，婆媳关系会怎样，都只能留待生活和时间去作答。

压箱底

生活中，非常喜欢的东西珍藏起来，叫"压箱底"；而不喜欢的东西弃之不用，也会压了箱底。同一个词，完全相反的两个意思，一个视为珍宝，一个弃如敝屣。

这"压箱底"的说法源于婚俗。自古以来，女孩子结婚须有嫁妆。家境殷实的人家嫁女儿陪嫁丰厚，讲究排场。两个大柜、两个小柜、两个箱子、炕头柜、梳妆台等，有的还带搁放箱子的箱子架，林林总总，一应俱全，民间所谓的"双箱双柜"一度是嫁妆里的高配置。普通人家嫁女儿，再贫寒也要陪送两把椅子、一个箱子。这些箱柜里不能空着，要填放东西，叫"填柜压箱"，"压箱子"的是什么呢？过去，箱子里要放给新郎准备的文房四宝和鞋帽，放给夫婿一家老小做的鞋子，放自己从少女时代就开始积攒的物品，小到个人的私密物件到各种绣品，大到衣料、被面等，还要放上体己干粮。寓意即是婚后衣食丰足，日子过得宽裕。

新娘的嫁妆要在婚礼前搬到新郎家里，大户人家一般在结婚前三天搬，一般人家多在结婚前一天搬，总之要在婚礼前三天里找一个双日子搬嫁妆，因为嫁妆里必有"箱子"，所以这

个习俗就叫"搬箱"。搬了箱，还要开箱，烟台是当天开箱，有
"翻箱子"的习俗，"翻箱子"由公公来做，当着所有宾客的面，
用包了红纸的擀面杖象征性地翻一下箱子里的东西，翻箱子的
主要目的是要往箱子里压钱，根据女方娘家在箱子里压的礼金
数，新郎这边也要放进同等的钱数。威海是在结婚后第三天，
由娘家人去开箱。现在，胶东民间仍有"搬箱""开箱""翻箱
子"的习俗，但早已不用笨重的木箱子，而是用红皮箱代替。
大多数地方还简化程序，也不搬箱，也不开箱，婚礼当天，嫁
妆和开箱客跟送亲大客一起随新娘同到新郎家，起了一个好听
的名字叫"跟腚红"或"当日红"。

　　婚礼后，小夫妻开始过柴米油盐的日常生活，这箱子一般
就放在了大柜顶上，里面放一些不常用的东西或珍贵的物件，
这也叫"压箱底"，放时间久的就叫"老箱底"。这其中就包括
结婚的喜服，喜服是一个女人心中最珍贵最美丽的衣服，但基
本上婚礼后就束之高阁，压了箱底，有的人还把喜服作为自己
的送老衣服，临终时穿着它们离开这个世界。从前，家境困难
的人家，女人们婚后基本不置办新衣物，靠着箱底的那点儿存
货过日子，"压箱底"的东西就一点点地被用光：自己不舍得用
的放在箱子里收着，礼尚往来的时候拿出来随了礼；穿不上了
的衣物也不舍得扔掉，压箱底里留着改给孩子穿，有的人甚至
把结婚时候的服饰也改了他用。

　　箱子里放东西是一层层叠放，不像柜子那样了然可见，因
此，在箱子里找东西要一层层地翻找。箱子放东西比较隐蔽，

找东西也比较费事，时间久了，可能自己也忘记了，所以人们找一些难找的东西就会说是"翻箱子""翻箱底"或"翻老箱底"。

现在，人们再也不用靠"老箱底"来维持度日，而是苦于家中积压的东西太多。于是，在这物质极大丰富的时代，人们又提倡过简单生活，提倡断舍离。物品需定期清理，心情也如是，心中若放了太多的人和事，必定会很累。人生不同的阶段有不同的事情，忘记那些烦扰与羁绊，学会定期给自己的生活清零，拿得起放得下才能轻松前行。

眼睛长到哪儿去了

如果有人问眼睛长在哪里，这简直就是废话，眼睛无疑是长在脸上的，这谁都知道，可是在民间语言里，眼睛还可以长在别处。

当某件物品明明就在你眼前你却找不到的时候，人家就会说："你眼睛长哪儿去了？"貌似很委婉，实际上说你有些呆笨。

胶东有句俗话叫"眼睛长到头门顶上了"，意思有二：一是说某人高傲，眼睛向上看，只看到领导什么的上级人物，看不到普通人，言外之意是说这人势利眼；二是说这个人很精明，头顶上都长眼睛了，有眼观六路之意。两个意思都含有一定的贬义。

若某人长时间总盯着一件东西，旁边人就会说他眼睛长到盯的那件东西上了，譬如说园中的杏子快熟了，馋嘴的孩子天天盯着看，祖母或母亲就会说，眼睛每天都长到杏树上了。譬如现在大家都人手一部手机，手机似乎比恋人还重要，也可以说眼睛长到手机上了。同样，喜欢一个人，就会总想去看她，眼光无时无刻不在追寻她，更可以说眼睛天天长到她身上了。喜欢到极致，看到那个人的时候眉眼里都是欢喜，人们就说："看到眼里拿不出来了。"所以有人说喜欢一个人，眼神是藏不住的，稍加注意就能看出来，那是整个世界都明亮了的感觉，是不自觉地专注地看，眼前那个人就是全世界，彼时彼刻眼里只有眼前那个人，别的都不存在，所谓"情人眼里出西施"，怎么看都看不够。

眼里不光要有人，还要有活计。工作和生活中都有一种人，不计较个人得失，不管是不是自己分内的事情，只要是于大家有益，不用指派，只要看到，顺手就会去做。譬如在酒席桌上，有的年轻人会主动倒茶添酒，会忙前忙后地照顾他人，回头人们就会说这孩子"眼里有活计"，是"有眼色"或者"真长眼色"，反之，眼里看不到活儿的，就被说成是"没眼色""不长眼色"。当然，有眼色的人里，有的确实是勤快人，是热心肠，也有的是怀有功利目的，看在谁眼前"有眼色"

了；而没眼色的人有一些是摆谱，有一些人是真的少教化，不懂礼道。三国时阮籍"能为青白眼"，见雅者以青眼视之，见俗者以白眼对。生活中有的人傲慢或势利，人们则说他是见了人"头不抬，眼不睁"。

眼里有没有，最终还是看心里有没有，有道是"眼睛是心灵的窗户"，看一个人有没有精神，看眼睛就行了，最主要看眼神，其实说的就是神采，有词曰神采飞扬，神采就飞扬在眼睛里，飞扬在眼神中。有的人看着眼睛不小，却没有精气神，甚至有些呆直，人们就会说他"眼大漏神"；与之相对的，有的人眼睛虽小，却炯炯有神，神采奕奕，说到兴之所至，眼睛都能放出光亮来，人们也有一个词说是"眼小聚光"，民间语言的精当可见一斑。

燕子不进愁家门

"燕子来时新社"，胶东地方一带时节一进农历三月，燕子就会飞回来，所谓"大雁不过九月九，小燕不过三月三"。燕子是益鸟，以各种昆虫为食，如蝗虫、螟蛾等，据说一只燕子在一个夏天中就能吃掉数十万只蚊子。人们喜欢燕子不只是因为燕子能为人们驱赶蚊虫，还因为一句俗话，叫"燕子不进愁家门"，这句俗语的意思是说，燕子喜欢在那些快乐和睦的人家屋檐下垒窝，所以燕子选择了谁家就证明这户人家家中无愁事，很多人会把燕子来筑巢当作自家的一种福气。

燕子又称家燕、新燕、归燕、喜燕，它们喜欢与人类比邻而居，在建筑物的墙上衔泥做巢。燕子一点点地衔泥垒窝，还会在窝巢内铺上一些细软的杂草、羽毛，所以胶东人称燕子垒巢叫"絮窝"，就像人布置新家一样，给一家人营造一个舒适的居住环境。既然是家，就该安静祥和，如果天天有人高声大气，吵得鸡飞狗跳，必会惊扰了燕子一家的安宁，所以燕子一定会选择那些家庭和睦的人家，仅此而已吗？

燕子是一种非常聪明的鸟，一般将窝儿筑在房檐下，家是要能遮风挡雨的，自然在比较宽大的房檐下更好。过去，条件好的人家才能盖起有宽大房檐的房子，即所谓的"青堂瓦舍"。这样的房子构造精美牢固，多年不用维修，燕子要成家繁育后代，自然会选择在这样的屋檐下筑巢，这就是"旧时王谢堂前"燕子多的原因；而普通人家的房屋一般都比较低矮，屋檐狭小，且常会因风吹雨淋而被损坏，在这样的屋檐下筑巢不安全，甚至会有覆巢之灾。因而，这句俗语又说成"燕子不进苦寒之门"。贫寒之家常常是吃了上顿没下顿，难免"穷争恶吵"，在他们看来，有钱人家衣食丰足，何愁之有呢？因此，燕子就象征了富贵闲适之象。后来，人们的居住条件好了，燕子也飞入寻常百姓家了，但"燕子不进愁家门"这句话却流传了下来，人们借这句俗语希望生活富足美满。

　　燕子还象征许多美好的意象,《诗经》里有"燕尔新婚,如兄如弟""燕燕于飞,差池其羽"的句子,可见古人早已寄情于燕,用燕子的成双成对,来喻有情人渴望比翼双飞,也用来比喻夫妻和美。春天是万物孕育的季节,燕子筑巢主要为繁育乳燕,所以,无论是《诗经》里的"天命玄鸟,降而生商",还是胶东地方三月三的"小媳妇节"蒸的面燕子,都是在借燕子繁育来希望人丁兴旺。人们是如此喜爱燕子,所以乡村再调皮的男孩子也不会去捅燕子窝,因为大人们告诉他们说,捅燕子的窝儿会瞎眼睛;女孩子则喜欢玩拍燕窝的游戏,将手插进略带潮湿的细沙土里,拍出一个个"燕窝"来,将女孩子从小爱家的天性表露无遗。

　　"燕子不进愁家门",一句俗语,无疑给人们喜爱燕子又增添了一些附加值。呢喃的燕语带来了春天的生机,燕子夫妻的

恩爱和美，筑巢和哺育的忙碌辛苦，都会给人一些启示，该怎样地对待家庭和家人。人的情绪是会受感染的，燕子都来你家筑巢了，证明你是有福气的，还会有什么愁事呢？心里就会高兴起来，心情好，人就有了希望和活力，生活也愈加顺畅和美，如此，真是良性循环的好事。

"似曾相识燕归来"，燕子的奇异功能不仅是筑巢，而且还能找到旧巢，如人一样，走多远都忘不了故乡。人念旧，燕子亦然。只要不祸害燕子破坏它的旧巢，它们就年年飞回来，但如果这户人家搬走了，房子空置了，燕子就会另觅地方筑新巢。如今，很多村庄消失了，或是房子还在，但已人去屋空，不知道燕子再去哪里寻找旧巢，而住进城市楼房里的人们也已将阳台封闭，不知道燕子们会将新巢筑在了哪里。

也就是圆了圆梦

生活中，人们看到谁做事情不用心，如地板拖不干净，洗衣服好赖洗洗就完事，就会说他"也就是圆了圆梦"，或者说"不过是圆圆梦罢了"。梦有两种，一种是现实中的梦想，一种是睡觉时做的梦。"圆梦"也有两个含义，一是实现梦想，二是解梦。这里说的是解梦。

　　人在睡觉的时候做梦是很常见的现象，有道是梦由心生，梦多是生理或心理的反应，是人的身体或精神出现了一些问题，以至于反映到梦里。可是人们常觉得做梦很神秘，有的人甚至还会迷信，认为梦有吉凶，有一定的预兆性，做了噩梦或是自认为凶险的梦，便一直心里惴惴不安，魂不守舍，希望有人能给自己圆一圆梦，因为人们信奉噩梦说出来就破了，必要听到个说法才安心。因此，民间长期流行"圆梦"术，有各种各样的"圆梦"书籍，如广为流传的《周公解梦》等。

　　所谓的圆梦，即是根据梦中的一些现象来解释、附会、推定预测人事的吉凶。请人圆一圆自己的梦，做梦者心里会觉得解脱轻松了许多。这个"圆"字已经说明了人们解梦的心理，就是想把梦解圆了，解圆了事情就过去了，可是梦真的能解圆吗？如何才算是解得圆？

　　解梦历来没有唯一性，同一个梦，积极地看与消极地看就会有截然相反的解释，全看从什么角度说。人都有求吉心理，要圆的一般都是自己认为不好的梦，身边的亲人朋友或同事听了多会劝慰，会往好处说，从正面去解说。比如说，梦见下雨和失火，就会说见水见火都要发财等等。那些职业解梦者则是投其所好，见什么人说什么话，吉凶喜忧随口说，说着让人高兴就是；由于有功利目的，有时又故意说得很凶险。所以基本就是凭想当然，做梦者很紧张，可是解梦的人并不往心里去，毕竟不是感同身受，甚至敷衍几句了事。

　　现在，还有一些人做了梦，醒来会上网去查，或者查

《周公解梦》，同样，网上对同样的梦境也基本都有两种不同的解释。所以，哪里有什么正解，凡事都在自心，怕的是自己放不下，世间许多事不过是庸人自扰。如果梦真的能预兆什么，那人们就什么都不用做，天天根据梦中所示去行事即可；还有，那些从来不做梦或记不住自己做的梦的人，又如何去判定凶吉呢？可见圆梦之说并不科学，也不足为信，而人们对待圆梦，也不过是姑妄言之，姑妄听之，做梦者也未必真信圆梦之说，所谓的"圆圆梦"只是想得到一个心理上的安慰，因而这"圆梦"就引申为敷衍凑合，走走形式，也就有了这句俗语。

其实梦天天有，解过几次，人们就会发现不过如此，太阳还是每天照常升起，总不能为梦所困而不生活。实际上，大多数的梦正如俗话所说是"日有所思，夜有所梦"，自己最知道为什么会有某个梦，或者是工作、生活压力，或者是身体有了状况，再或者只不过是某一阶段睡眠质量出现了问题。科学地看待梦境，就不会再去无谓地请人圆梦了。

睡梦不必圆，但现实中还需有梦，也就是人要有理想和追求，否则人生也就没有了意义，所谓"有志不在年高，无志空活百岁"。人这一辈子，会有数不清的梦想，如差不多每个男孩子小时候都有一个军人梦、警察梦，而每个女孩子则都有一个公主梦。现实中的梦太多太美好，不可能所有的梦都实现，但无论如何，有了梦就要去圆，只要心中有梦想，并不懈努力，不断地朝着心中的梦想去奋斗，终会有美梦成真的一天！

一潮去了

一方水土一方人，方言有很明显的地域性。同为胶东半岛，海边人的语言便与内陆有别，如说东西来之不易，内陆人会说"谁家的×××也不是大风刮来的"，海边人则会说"不是海上潮来的"，胶东南部沿海则说"不是南海潮上来的"。

海水一起一落即为一潮，胶东半岛沿海的潮汐每天起落两次，如果农历初一的第一次高潮出现在半夜 0 时，约 6 小时后潮水退到最低，然后又开始涨潮，约 6 小时后到中午 12 时达到第二次高潮，然后又落潮；第二天第一次高潮的时间比前一天推迟约 48 分钟，农历初一是过 12 时开始退潮，初二就是 12 时 48 分，初三是 13 时 36 分……到农历十六，第一次高潮出现在近中午 12 时，如此循环。因海岸线地形不同、经纬度有差异，各地的潮汐时间会有差异，涨潮速度也不同，但每个地方的潮涨潮落时间是相对固定的，生活在海边的人，都会推算当地潮汐发生的时间。

海潮一次次地涌上海滩，海浪把大海里的贝类等海产品推送上海滩，人们就趁着落潮的空当去收获大海的馈赠，即"赶海"，主要是捉蟹、拾螺等，大致是沙滩、泥滩以挖蛤、钓蛏子为多，礁石滩以打牡蛎、捞海菜为主。赶海要掐着时间点儿，最好是在海水刚开始落潮时到达海滩，赶三四个小时后撤回，没有经验的人常常觉得潮水还离得很远，可不知不觉间就漫到脚下，因此，来了潮水需赶紧上岸，否则极易发生危险。

潮汐的力量巨大，尤其是坡度大的海岸，因而人们利用潮汐巨大的动能，在一些合适的海湾建潮汐电站。涨潮时，海水汹涌而来，吞没了一切，落潮时，又会带走人类留在海滩上的一切痕迹，所以人们表达某种东西消失得干净彻底，会说"一潮去了"，就是一起、全部消失了，且有时间短、速度快的意思。这样与大海与潮汐有关的表述还有不少，如对事情很快失去兴趣和热情，人们常说这是"三分钟的热血"，极言时间之短，而海边人则说这叫"一潮的新鲜"。吃海鲜最讲究的就是新鲜度，但鲜活海产品的保鲜时间很短。对海产品，海边的人打眼一看就知道新不新鲜，不新鲜的叫"隔了潮"，即不是当天打上来的，是上一潮的，如不新鲜的鱼眼睛会变红，所以如果看到有的人眼睛发炎发红，乡人也会用"和

隔了潮的鱼一样"来描述。可见，生活就是语言的源头活水。

潮汐如同大海的呼吸，潮起潮落，不舍昼夜。因潮汐起落有一定的时刻，故称为"潮信"，意思是说潮水讲信用，到了时间就会自然涨落，因此也常用来喻人要守信，唐代张仲素的《春江曲》"不如潮水信，每日到沙头"，白居易的《浪淘沙》"相恨不如潮有信，相思始觉海非深"，都是说恋爱的一方埋怨对方不如潮水守时有信。潮水有信，人当更有信。

一亩地得有个场

民间有"一亩地得有个场"的俗语，意思是无论田地多少，都需要一个平整干净的地方打场晒粮，极言场院对于农事生产的重要。

过去，富有的人家有自家的场院，场上有小屋，盛放打场晒粮的工具，叉子、扫帚、木锨、草苫等，有的也住人，叫住场屋的。住场屋不是随便什么人都可以，须是信得过的心腹之人，过去温饱都成问题，丢失粮食的情况并不少见，所以住场屋的人得负起责任。一般是找没有家小的鳏孤之人，因没有家室，不会监守自盗，且为人须忠厚老实，一般多为六十岁上下的老者，所以也被人称为看场佬儿。正月十五元宵灯节，胶东农村的人们还会蒸一老人型的面灯送到场院，叫"看场佬儿灯"，以求五谷丰登。

场院的选址一般是在村边，离村子近，这样遇上下雨阴天，可以很快集合人员抢收。土地有富余的村子会保留固定的场院，土地金贵的村子则在准备用来做场院的地块上种一些生长期短的作物，或庄稼或蔬菜，收获后不耽误"轧（yà）场"。轧场前要将地块用耙整平，平整完后均匀地泼上水，叫泼场。有的还会用黏黄土掺杂麦糠撒上一层，用圆砘（碌碡）碾轧平，再泼上水轧。最上面的一层可均匀地撒上少量细沙，再用砘轧平。轧场是由人拉着圆砘走圆圈，一圈挨一圈按照同一方向将泥土压实，所以也叫"碾场"或"研场"。圆圈要走得匀称规则，不能忽左忽右，不能有遗漏的地方，这样碾成的场平整细密，不起沙土。轧好的场中间要略高，为的是下雨后雨水可以很快排出。若遇大雨，场面会有损坏，雨后在土地干湿程度合适的时候，还要将场面用砘碾平碾实。

场院最热闹的时候是收获的季节，人们把成熟的庄稼从田野里搬到了场上，大多数的粮食在这里经过打、扬、晒等程序，归到了队里的粮仓里，归到了各家的粮囤里。

打麦子的时候，场上热火朝天，最是繁忙。机器少，又要与老天抢时间，于是歇人不歇机器，大家排队用机器。机器开动起来，马达的声音大，人说话听不见，有事情就扯着嗓子喊。麦收的日子，打麦场上永远是机器轰鸣，人声鼎沸，夜里也是灯火通明，亮如白昼，那是人们在挑灯夜战。

秋收没麦收时那么紧张，人们在场上摘花生，打豆子，晒玉米、高粱等，节奏要舒缓许多，但这个时候需要更多的场地晒地瓜，人们往往会在刚收获完的田地上另碾出场来晒地瓜丝和地瓜干。

场院也是乡村很重要的公共场所，除了在场院上集体劳作，有的村子还会在场院上放电影、扭秧歌、开大会等。场院也是孩子们最喜欢的地方，进了农历十月，地了（liǎo）场光之后，场院上一般会堆垛了庄稼秸秆，孩子们会在这里捉迷藏，疯打疯闹；冬天还可以打雪仗、逮麻雀等，农闲的时候，场院成了孩子们的乐园。

乡间的场院，就像是一方舞台，每个季节每个农时都在上演着不同的乡村故事。到了20世纪80年代，农村盖房子普遍加盖平台；90年代后，使用联合收割机作业，粮食在地里收获时已脱粒，场院就逐渐失去了其原有的作用，人们多在自家平台和门前水泥地上摊晒粮食，更有人直接把柏油马路当作场院。公路晒粮是很省事省力，却给自己和他人带来了安全隐患。没有了场院的乡村也少了许多热闹和欢乐。

这句俗语完整的是两句话："一亩地得有个场，一百岁得有个娘。"两句话可以单用，但场院再重要，也只是一句起兴，为的是后面的那句"一百岁得有个娘"，极言母亲对于一个家庭和孩子的重要。不种庄稼的人不知道场的重要，母亲健在的人也体味不到失去娘亲的大悲。场院对于农事至为重要的时代已经远去，但母亲对于孩子却永远重要、最为重要！

有苗不愁长

同事的女儿刚生了宝宝，记忆中她还是几岁时小女孩儿的模样，可现在已经初为人母了。生活中，这样的场景常常出现，几年不见的朋友的孩子，转眼间，女孩子已是亭亭玉立的美少女，"长得和眉豆花儿"一样俊；男孩子成了健壮挺拔的英俊少年，"像梧桐苗儿一样"，长得又直溜又快。于是，大家就常常感叹，一转眼就成大姑娘或大小伙子了，孩子的父母就会自豪地笑回一句："有苗不愁长。"意思是只要有了孩子，很快就会长大。

每一位做过父母的人都知道养育孩子的艰难，尤其是孩子小的时候，特别盼望孩子能快点儿长大。因为辛苦，会觉得时间过得格外慢，加上自家的孩子是天天守着的，往往感觉不到那种一下子长大的变化。于是，看着人家的孩子似乎一夜之间长大，就会生出"人家的孩子长得快"的感慨，再回过头一想，自家孩子襁褓中的样子也仿佛就在昨天，便又会生出慨叹："人不用别的，让孩子就给比老了。"

将孩子比喻成"苗"十分恰当，所谓"十年树木，百年树人"，树木与树人一样，孩子如同嫩绿的苗苗，俗话说："小时候看苗，长大看梢。"有了苗，怎么长，能不能成材，还需要修剪培育，需要细心管理，对孩子而言，家庭和父母的关爱至关重要。有的父母，生下孩子就交给了老人帮忙带，自己则忙于事业，民间称这种叫"只管生，不管养"。其实，父母的陪伴就是给孩子最好的爱，人生不能逆转，从幼年到童年到少年，孩子的成长顶多十二三年的工夫，耽误了就不可弥补，等你有了财力和时间，孩子已经长大，他需要你陪的时候你不陪，等到你想陪他的时候，他已经不需要了。

当然，最愁的是没有"苗"，所以结婚后如果一直不见有喜的夫妻就会着急，求子心切，与之相关的，在婚礼上或婚后也就有了一些祈孕或求子的习俗。不止生育，其他事情也会用"苗"来说，在事情还看不到迹象的时候，人们就会说："连个苗苗也没有啊！"

"春天捅一棍，秋天吃一顿"，农业生产首先也需要苗好，苗壮与否决定了庄稼后期能否长得好。胶东一带乡村的人们，在谷雨前后播下种子，就急切地等待破土成苗，不用到立夏，该发芽的就发芽，该出苗的也都出苗了，苗出得不齐还要抓紧补苗。等到田野里的庄稼苗齐刷刷地长，房前屋后的瓜秧也一天蹿一截，人们只需精心管理，静等收获。

农时不等人，春种夏管秋收，一样也不能马虎，误了农时，就不能保证作物丰收；如同侍弄庄稼一样，孩子的成长更是不等人，在孩子的成长过程中，父母的陪伴不可缺席，细心呵护，严格要求，孩子才能有望根粗苗壮，长成栋梁之材。

又是秧歌又是戏

秧歌是人们喜闻乐见的民间歌舞形式，胶东民间俗称"扭秧歌""耍秧歌""耍会的"等。在乡村，许多村子都有自己的秧歌队，大的节日或礼俗场合都可见到秧歌的影子，尤其是年节期间，秧歌队到各村串演，能耍上一个正月，极受人们欢迎，成为乡村主要的娱乐形式，以至于有"没有秧歌不成年"的说法。

胶东各地方的秧歌大同小异，其中以海阳秧歌最负盛名，被誉为山东三大秧歌之一。其规模大，角色多，舞蹈和演唱形式豪放、热烈、粗犷、幽默，并将武术功架吸收其中，有自己独特的风格。说秧歌其实是统称，胶东的秧歌里面包含了诸多小剧情，如货郎与翠花、老姜背老婆、王大妈与箍漏匠等，剧情结构各自独立又浑然成一个整体，其他还有高跷、打花棍、跑旱船和跑黑驴等一些表演形式，整个秧歌队伍且歌且舞，热烈欢快，令人眼花缭乱。

扭秧歌不用特殊的舞台，随便一个场地就能舞起来，由于演员和观众都互相认识，演出过程中，常有观众插进队伍即兴舞上一段。因此，演出随意性大，唱的跳的好不好没人去管，扭得高兴就好。而专业戏曲则不同，民间称之为"戏"，秧歌里也有戏，但那是小戏；人们认为戏曲比秧歌高了一个层次，叫"唱大戏"。唱戏，要扎戏台子，要在台子上唱和演，一板一眼、一招一式是要讲究的。胶东的戏种主要有吕剧、京剧、蓝关戏、柳腔等，其中以吕剧最为普遍，《小姑贤》《王汉喜借年》《王定宝借当》《墙头记》《逼婚记》等都是人们喜闻乐见的经典曲目。有的村子也会有一些业余戏曲爱好者，冬闲时节凑在一起自己乐和，也给父老乡亲演出。但最高级别的"大戏"还是专业吕剧团下乡演出，那简直就跟过节一样。人们奔走相告，请亲戚朋友也来看，儿歌"拉大锯，扯大锯，姥家门口唱大戏，接闺女，叫女婿，小外甥也要去……"当源于此。每逢有大戏，孩子们也像看电影一样提早去占地方，而演完后的好几天，那些演员和剧情仍是大姑娘小媳妇们热议的话题。

在民间，秧歌和戏各是各码，不是一个档次，那么什么时候能又是秧歌又是戏呢？最可能的场合就是庙会。过去的山会、庙会多，庙会的时候，善男信女众多，有的是许愿还愿，有的是买东西，还有就是为了看热闹。这热闹里就包含了秧歌和戏曲演出，秧歌的热闹自不必说，单说戏就有的看。庙前一般都有戏台，有的时候还会临时扎起戏台，两台戏或几台戏一起唱，所谓"唱对台戏"，那就更好看了，剧团之间比的是功力，乐的则是观众，常令人感觉眼睛和耳朵不够用的，不知看哪一个听哪一个的为是。在精神生活匮乏的年代，这无疑是盛大的视听盛宴，于是，一年一度的庙会成为人们很期盼的盛会。每到一处有山会庙会，四里八乡的人们都会蜂拥而至，场面不是一般的热闹，人们乐在其中，享受着这难得的欢乐。

"又是秧歌又是戏"不是一般的高兴，所以这句话就用来极言心情之愉悦。人高兴了，神情、表情、言语、动作上都能表现出来，就如扭秧歌唱戏一样，手之舞之足之蹈之，大人尚可控制，孩子表现尤甚，因此，这句话常用来说孩子，说"看把你美的，又是秧歌又是戏"；也常用来表示情绪落差大，说："你刚才还又是秧歌又是戏的，转眼这怎么还哭上了！"

无论是秧歌还是戏，都是人们不可或缺的精神食粮。过去人们看秧歌看戏的高兴程度，应该与现在的年轻人买了机票追着歌星听演唱会差不多了。现在大多数年轻人对于秧歌和戏早已没什么感觉，但生活总是悲喜交加的，"又是秧歌又是戏"的喜悦还是有的。

长得和面码儿一样

胶东地方的面条是招待客人和仪礼、节庆时必吃的饭食，平常也为许多人所喜食，胶东的面条也俗称"汤"，"喝面条"也叫"喝汤"，对于一些胶东人，三天不吃鱼肉可以，三天不吃馒头也可以，可是如果三天不吃面条那可不行，人们说那滋味就像是三天没吃饭，肚子里空落落的，只有汤汤水水地喝碗汤才有肚子饱了的感觉。

胶东是鲁菜之乡，著名的福山大面和蓬莱小面都是抻拉摔打而成，居家则以手擀面最为经典，从前的乡村妇女没有不会用擀面杖擀面的，胶东民间有俗曰"试刀口"，是说新媳妇给婆婆做的头一顿饭要显示出自己的手艺，让婆婆来鉴定水平如何，"试刀口"通常做的都是面条，能把面条切得又细又匀，自然会得到夸奖，被视为"巧媳妇"。

胶东的家常面条有多种做法与吃法。一水煮的面条，喝的时候连面汤一起喝，叫"划面汤""一杂煮的""一水面"，莱州等地也叫"烂面汤""一锅烂"。煮面时一般加时令蔬菜，加进什么菜，面条也就是什么味了，菜豆、白菜、菠菜等都是人们喜欢的，秋季切鲜芋头片与面条共煮，即称"芋头面"了。为省时省事，平时自家吃面条一般不做菜，讲究的人家凉拌个黄瓜，一般的人家就着一棵葱或几瓣蒜，一碗面条下了肚就是一顿饭。

自家怎样吃都随意，但来人待客必须是打卤面，也叫"开卤面""过水面"，即煮完面条之后过水，捞出后再加面卤，作为酒过三巡菜过五味后待客的主食，由于不像胶东半岛以西喝清汤面的地方需特意再做配菜，因此尤其重视面卤的制作。对于面卤，各地叫法不同，叫"汤卤""卤子""卤汤"，也有的叫"浇头"，烟台、威海等地则称之为"面码子"，做面卤叫"开码子"。至于为什么叫码子，应该是面条之外另有加码和码在面条之上的意思。西红柿、芸豆、白菜、蘑菇等都是开卤的好食材，开卤子鸡蛋是不可少的，条件好的打荷包蛋，条件差的也要淋个鸡蛋花，鸡蛋提鲜味，哪怕只打一个鸡蛋，味道也是不同的。这样各种菜加上鸡蛋，红、黄、绿等各色基本就全了，盛上一大碗面条，白白的面条上冒上漂亮的菜卤，泛着油光，很是好看，以至于烟台养马岛一带有俗语说人漂亮，竟会说"长得和那个面码儿一样"，言外即有极光鲜亮丽之意，用面卤来比喻人的面容，而且是漂亮人的面容，民间语言的运用真是到了令人惊叹的地步。

面条和饺子一样，是胶东人待客的主要面食，不需要发面，营养搭配得当，有汤有水有面有菜，但制作起来比包饺子要容易，简单快捷，喝了还能肚饱胃暖，因而是居家、仪礼和节庆饮食的主角。胶东海边的人吃面还有一个特殊的习惯，那就是用煮蛤蜊和炖鱼的汤汁来代替水来做卤子，更是别有味道，那是一种吃不惯海鲜的人所吃不出的鲜，以至于形成了只要煮蛤蜊就会做面条，没有蛤蜊汤就不喝面条的习惯；鱼汤做卤则以加吉鱼、刀鱼、马面鱼等为上选。

现在生活条件好了，面码子里又加上海参、鲍鱼、大虾等食材，营养更丰富，面码子的色泽更鲜亮，而人们在鲜衣怒马的装扮下也更靓丽，想必这面码子与长得像面码子的人一样，都是同步发展，紧跟时代和时尚。

正月十五闹花灯

正月是农历的元月，古人称夜为"宵"，所以称正月十五为元宵节。民间一般习惯称作正月十五，或称"过十五"。正月十五是一年中第一个月圆之夜，是一元复始、大地回春的夜晚，又称元夜、元夕。因此，民间对元宵节格外重视，有"元宵大似年"的说法。道教称正月十五为上元，合七月十五、十月十五的中元、下元为三元，分属天地水三官的诞辰。因而，元宵节又称为上元节。元宵节的习俗以赏灯为主，因而正月十五又称上元灯节。这天晚上，天上明月高悬，地上彩灯万盏，人们观花灯、猜灯谜、吃元宵，合家团聚，其乐融融。

元宵节这天，胶东乡村的人家有用生豆面做灯的习俗，叫"捏灯""蒸灯"。做各种灯，有斗灯、龙凤灯、月灯、十二属相灯和各种动、植物灯等。主要活动为"散灯"，就是在家里和庭院各处放上灯。

月灯，捏十二个，闰年月加捏一个。月灯简单，圆柱体，直径约两寸（约6.7厘米），高三寸（约10厘米），顶部捏成灯碗，灯碗的边缘按月份顺序捏上褶儿，一个月一个褶儿，十二月要在灯碗边缘捏上十二个褶儿。有作物收获的月份，月灯下面另外加捏囤底，囤底上捏圣虫盘绕在月灯上，用于祈祷各月收获的农作物、水果和蔬菜丰收。据说从灯芯燃烧后的形状可以得到各种"信息"，如六月灯的灯芯烧成米粒状，就预示小麦将获得丰收。月灯点着以后，按月份散开来，如六月收麦，就把六月灯放进麦囤；七月收苞米，就把七月灯放进苞米囤。月灯燃尽后，看哪个月灯残灰多，则预示着那个月风调雨顺。

各种灯散放的位置一般固定。大门口挂彩灯，狗灯放在大门口，猪灯放在猪圈墙头，马灯放在牲口棚，鱼灯放在水缸的水瓢里，蛤蟆灯放在锅台后和门槛底下，吃苍蝇、蚊子和虫儿。鸡灯则由人端着照墙角、炕旮旯，免得毒虫、蝎子伤人。还做荷花灯、寿桃灯、娃娃灯等放在居室各处。乳山等地还做一盏"看场佬儿灯"，形为一肩扛各种农具的老人，晚上由家中男孩子点燃送到打谷场园中间，燃尽之后由家中长者据燃烧情况预卜当年各种作物的丰歉。俗信元宵节的灯光是吉祥之光，能驱妖辟邪除百病，所以人们往往端着灯互相照照脸庞，还要照一照屋内屋外的各个角落。

捏生肖灯，方言称"捏属儿"，给每个家庭成员捏一盏属相灯。生肖灯比较复杂，实际是一种面塑工艺，传统的方法是用黄豆细面做材料。造型小巧玲珑，各生肖动物或坐或立，或卧或奔，姿态各异，惟妙惟肖。元宵节是春节后的又一个大团圆的节日，家人团聚，所以生肖灯不散放，共置一个盘中点燃，一家人围在一起观看，希望爆出灯花，灯花越大越吉利；谁的属相灯旺，油尽残灰多，意味着谁在新的一年里时运亨通，无灾无病；俗传谁的灯燃亮的时间长，谁必长寿。有的家里做全部十二生肖灯，寓意在于消除病灾、人丁兴旺。困难年代，豆面灯用完一般不舍得扔掉，用热水焯一下，留待以后馇菜吃。近年，改为用白面捏生肖，样子更加好看，也不加灯碗，不点燃，欣赏之后可分而食之。

除了豆面灯，还刻萝卜灯，俗称"割灯"。灯用青萝卜雕成，雕出灯碗，贴上棉芯，用食油点燃，套子湾一带的渔家，把用胡萝卜和白萝卜刻的灯，称之为金渔灯、银渔灯。

除了散灯，元宵节还要送灯，主要是指送茔灯、送麦灯和送渔灯。

正月十五天刚擦黑，各家就要点上灯笼悬挂在大门两旁，然后手提灯笼到祖坟送灯，叫"送茔灯"，这也是我国传统节日的固定内涵之一，那就是祭祀先祖。元宵节请祖先回家过节，请神仪式与大年三十大同小异，供桌要重新布置一番，跟过年一样，请出神主，挂上家谱，重新摆好供桌。送茔灯不单是祭祖，也为了消病除灾、祈求平安，希望先祖能保佑后世子孙。

古时元宵节一般张灯三天，十四日为试灯，十五日为正灯，十六日为残灯。同时，人们认为十四主麦，十五主谷，十六主豆，月明风恬，则为收灯。有风为歉，无风为丰。十四为麦社，是麦子的生日，因此到田野里送灯叫"送麦灯"。有的人家是叫孩子提着灯，到自家每块地转一圈。人们送麦灯的时间差不多，届时漫山遍野，一片灯光，煞是壮观。近年胶东的水果产业发展迅速，许多农田都立上了果树，于是又有人把灯送到了果园里。送灯的寓意与寄托不外乎是在第一个月圆之夜，希望有一个丰收的好年景。

"送渔灯"是胶东沿海一带的习俗，也与元宵节送灯相关。烟台开发区套子湾一带，历来为军事、捕鱼和运输的港湾。套子湾沿岸的山后初家、山后陈家、山后李家、山后顾家、沙窝孙家和芦洋村六个渔村，最盛行过渔灯节。正月十三或十四这天，渔民到龙王庙里和渔船上送灯，祈求"海神龙王"保佑，祈求新的一年一帆风顺鱼虾满舱，祭祀仪式极为隆重热闹。

"正月里，正月正，正月十五闹花灯"，元宵灯节的"闹"字最是体现得淋漓尽致，除了观花灯、猜灯谜之外，还有舞龙、耍狮子、踩高跷、划旱船、扭秧歌、打太平鼓、唱大戏等娱乐活动。人们自发参与，自娱自乐，热闹非凡，将春节期间的各种节庆活动达到高潮，使元宵节成为全民性的狂欢节。

只和邻居比种田，不和邻居比过年

过年是一年中最大的节日，也是民间最看重的节日。一年的辛苦终于到了一个节点，所以过年的时候人们习惯讲究吃好穿好，以庆贺上一年的结束和新一年的开始，是犒劳一年来的辛苦，也是祈盼来年一切丰稔有余。有的人家花销巨大，如此就形成了攀比之风，左邻右舍，接山合墙，熟悉情况也最容易形成对比，谁家采办了什么年货，谁家过年吃穿用度如何如何，若有的人家过年时不铺张，就会有人议论说连过年都不舍得花钱等，自家孩子有时也会有些抱怨。这时候，人们就常会说一句话："只和邻居比种田，不和邻居比过年。"其一是说过年这几天吃好喝好并不能说明什么，把地种好才是真本事；其二是说过日子要细水长流、长流不断才是正理，也就是说人既要本分种地又不能浪费粮食。

这句话表现了农耕文明下人们的思想观念和思维逻辑。耕读传家，一直是深入中国人人心的家风家训，耕田可以养家糊口，维持生计；读书可以知书达理，修身养性。其中，"耕"是生活最基本的保障。我国是农业大国，历来重视农业生产，从古代天子和地方官吏的立春劝农劝耕，到如今的中央一号文件，一定都离不开"三农"问题。而在农民心中，土地就是他们的宝贝，因为是大地养育了我们，民间百姓最懂这个道理。民间把种庄稼叫"侍弄庄稼"，那真是像对待孩子一样上心，他们认为，种好田就是正事、是根本，所以在曾经很长一个时期，"一亩地，两头牛，老婆孩子热炕头"，就是乡村小康生活的理想标配，守着自己的一亩三分地过日子，心中最是踏实安稳。

种地是大学问，要会种才能有好收成。我国的传统节日里，跟农事相关的特别多，二十四节气更是成为指导农耕的依据，也形成了许多农事谚语，什么时候种、什么时候收都有总结。人们说"庄稼不等人""农时不等人"，该种该收的时候，不能误了农时，所谓"人误地一时，地误人一年"，意思都是劝人不要怠惰，要按照作物的生长规律适时种植庄稼。早了或晚了，错过了节气，这一年的收成都会受到影响。种地要勤快，

在农村，有的人家里过得不好，老百姓就会说就是懒的。光种上了不行，还得用心做田间管理，如除草施肥浇水等，人家样样都做了你却跟不上，收成也会受影响。到了收获的季节，庄稼会告诉你勤还是懒了，土地是不会糊弄人的，所谓"人勤地不懒"。

走过田边地头，看着不同地块庄稼的长势，人们常会议论，谁家地里的庄稼长得好，谁家地里的庄稼长得孬："你看看人家把个地摆弄得一棵草刺都没有，一看就是勤快人""你看那块地里的草比庄稼还高，某某某就是个懒汉"。人品的高下从种地的好赖即可显现，在村里，若谁种庄稼是把好手，在村人中间那是受人尊重有威望的。现在农民进城打工多了，农村出现了许多撂荒地；同时，也有的人不光种自己的地，还开垦一些荒地，房前屋后，边边角角的地方都能种上东西，所谓"春天捅一棍，秋天吃一顿"。

粮食入了仓，还得杜绝浪费。村人对粮食的金贵不仅表现日常节约上，还表现在对粮食的储存上。丰年不忘荒年，即使是丰收年景，人们也要新粮压旧粮，这样才觉踏实，所谓"家里有粮，心里不慌"。吃是第一要著，没有粮食生命就无以为继，经历过灾荒年代挨过饿的人们对于没饭吃仍是心有余悸，因此，民间过去除了缴公粮，剩下的粮食都要自家储存起来，怕的就是粮食不够吃。现在不仅不愁吃喝，而且好吃好喝，但乡村有的人家仍然有存粮食的习惯，新小麦入缸了，虽不像过去那样全部存下，但一般也要存上够吃两年的量，不至于在特殊时候出现寅吃卯粮的情况。

与邻居比种田而不比过年,不是思想保守,而是一种优良传统。比的是对粮食的珍惜,对天地万物的感恩,物质再丰富,节约的传统不能丢;比的也是勤勉和用心,有付出,才会有收获,耕种稼穑如此,万事亦然。

抓个疥疤子赶生日

胶东的蟾蜍主要有两种,主要区分在体型上,一种小,一种大,小的叫蛤蟆,大的称疥疤子,因它们背上长着大大小小的疙瘩,就像长了疥疮一样而得名,乡间有俗语说"疥疤子跳到脚背上,不咬人膈应人",说的就是它。在家乡,每逢有人要过生日,总会有亲朋好友笑嘻嘻地说:"抓个疥疤子给你赶生日。"不明就里的人常会奇怪,甚至以为是骂人的话,实际上这是对人的祝福,祝福过生日的人长寿、平安和发财。

蟾蜍作为财富的象征,被称为"金蟾",主要跟刘海戏金蟾有关。民间传说蟾寿命长,可活三千年,得蟾者得大富贵。民间祝寿也将其列入仙班,有歌谣唱:"众仙长,抬头观,刘海跳着个大金蟾,手持红绒团团转,岁岁步步撒金钱,金钱撒在宝宅内,长命百岁到永远。"

　　"刘海戏金蟾"的传说不一，但主要寓意都是财源兴旺，幸福美好，有"刘海戏金蟾，步步钓金钱"的说法。把金蟾与金钱联系起来，可能是由于蟾身布满类似金钱斑纹的缘故。有意思的是，胶东方音中舌面音（q）和舌尖后音（ch）发音基本一致，因此，金"钱"和金"蟾"的发音几乎是一致的。既然金蟾代表金钱，哪个商家不爱钱呢？因而金蟾历来为商家所喜欢，今天我们仍然会看到很多商家的门口或柜台上摆一只金蟾，口中衔钱。也正因为金蟾代表财富，因而胶东民间称之为"老财神"，二月二的时候，荣成的人们会剪一蟾蜍，后面剪一串元宝贴在卧室墙上，名曰"老财神拉元宝"。所以，如果有人对你说抓个疥疤子给你赶生日，那就是在给你送财神。

　　就蟾蜍的习性特点而言，它们冬眠，因而惊蛰后复苏的也有蟾蜍，于是二月二的剪纸中就有了蟾蜍，蟾蜍又有吃虫的本

性，人们就剪一蟾蜍贴在灶后墙上，让其"吃虫"，害虫没了人则平安。有趣的是，端午节要剪除五毒以驱毒避害，蟾蜍又是五毒之一，那是因为蟾蜍身上的蟾酥有毒，剪除了蟾蜍人则安康；反过来，蟾酥又可入药为人们治病，从某种意义上说，人没有疾病，身体健康也是一种财富。就这方面而言，蟾蜍又代表了驱毒与平安。而到了六月六，胶东民间除了蒸面兔子还有蒸蟾蜍的习俗，以百合花蕊染成黄色，叫蒸黄疥疤儿，寓意让它多吃虫害，以求粮食丰收。

古时的人们相信蟾能辟五兵，镇凶邪，助长生，是主富贵的吉祥之物。一个小蟾蜍，身上承载了多重民俗含义，成为民间信仰的一个组成部分，能祛病保平安增财富，无论哪一种，都寄予的是人们希望平安健康与富贵吉祥的美好心愿。

自己背着二升半，还嫌人家不够斗

"五十步笑百步"出自《孟子·梁惠王上》，说的是作战时后退了五十步的人讥笑后退了一百步的人。同样的意思，胶东则有更质朴的表达，那就是"自己背着二升半，还嫌人家不够斗"，侧重在说自己水平不如别人却还去笑话别人，比喻那些没有自知之明的人。

升和斗，是旧时的市制计量单位，10升为1斗，10斗为1石（dàn）。升和斗是旧时计量粮食的工具，俗话说："升不离斗，秤不离砣，筛子不离筐和笭。"20世纪50年代以后，主要用秤来做计量工具，斗和升也失去了原有的功能，主要成了人们盛装东西的器具。

升与斗多为木制，一般来说只是大小之别，斗大升小，但也有差异：升，呈正台形，上口大，下口小，四个侧面是四个标准的梯形，选用质地坚硬的木料用榫卯连接而成，浑身见不到一颗钉子。斗多为方体，有正方、口大底小和底大口小几种形状。斗的中间设有一根横木梁，与口齐平，既便于提携，又可在称量时，用尺子将堆高的粮食刮平，保持重量的准确，有的大斗两侧还有把手。斗在制作上可做手脚，有的斗下部有个木柄小机关，可控制底板活动，底板上移，容量小，向下，容量大。有些不良粮商利用这样的机关玩大斗进小斗出的勾当，一进一出，出入很大，最为人所痛恨。另有一种条编的斗和升，呈圆桶形，中间直径大，口与底小些，呈花鼓形，口、腰、底往往用三道铁箍加固。同样，小的叫升，大的叫斗，能盛半斗粮食的就称之为"半斗"。

升和斗除了盘量粮食，因其谐音寓意美好，还被赋予了富贵与吉祥的含义，升取"高升""生子"之意，斗取"日进斗金"之意，升和斗也因此经常出现在一些民俗事象和礼俗仪式中。

过去每逢过年的时候，人们就会在升里面装满粮食，摆放在院子的供桌上，将红纸写上"富""贵""有""余"四个字，分别贴在升的四个面上，然后敬香、跪拜，以求来年风调雨顺、五谷丰登。

新人们的结婚仪式上行礼时要拜天地，天地桌上也摆着升，升口用红纸掩盖，里面盛满五谷，祝福新人婚后生活殷实富足有余粮；也取"生"义，有的升旁边再放一把筷子，寓意"快生子"，即"早生贵子"，表达对新人美好的祝愿。

民居上常用各种装饰图案表达吉祥寓意，胶东民居的大门两旁即常可见一种砖雕或石雕图案，在升里插三支戟，寓意连升三级，希望官阶高升。上梁时还用斗来盛飘梁用的小饽饽、糖果、花生等。斗口上盖红布，上大梁时，由掌尺的木匠和瓦匠将斗拉到房顶，边念喜歌，边在房顶上向前来庆贺和围观的人群扬撒斗里的物品，下边的人欢呼哄抢，上梁仪式到达高潮。

农历正月十三，胶东沿海有祭海习俗，烟台套子湾周边渔村盛行过渔灯节，人们在船头摆供、送渔灯，这个场合也一定少不了一只斗，斗身贴"日进斗金"的春条，寓意出海平安顺利、鱼虾满仓。

作为农耕时代的见证，升和斗曾无言地记录过曾经的岁月与生活。现在，它们早已退出了我们的生活，除了在乡村的一些民俗事象和仪式中偶尔见其影子，其他时候就只能去民俗馆里见了。

做烧火棍的料

过去的胶东农村，灶屋在房屋的正中间，一进家门，就见两个锅灶，分别通向东西两铺炕，用锅灶烧火做饭的同时也热了炕暖了屋子。

从前的燃料主要以山草、庄稼秸秆为主，烧火的时候需要不时拨弄锅底下的柴草，以使柴草燃烧充分，这时候就需要一样东西，那就是烧火棍。烧火时用烧火棍将柴草挑起，火苗就会很旺，需要小火时，就用烧火棍把柴草压下来。以柴草为燃料，烧火的人是很辛苦的，要不断地往灶膛里填草，烧火棍用的时间久了，会越烧越短，短到不好拿了就会随手扔进灶膛，当柴给烧掉，然后另找一根。

有人会说，烧火棍还不好找吗？俯拾皆是，要知道，烧火棍也有顺手不顺手之别，即人们所说的"受使不受使"，太粗了胀手，太细了没劲力；太长了灶间的空间不够，太短了会烤到手，总之粗细长短都需合适才好。一般人们都是在烧柴时，遇到顺手的树枝就留下当了烧火棍，多选用五六十厘米长、拇指粗细、较直的木棍。正因为烧火棍多不被人们重视，所以人们打趣某人不能成大材时，会说"也就是个做烧火棍的料"。有的人过于自谦，也会用这句话来自嘲自己，说"我天生就是个烧火棍的料"，言外之意是成不了大材。尽管烧火棍看似不起眼，但少了它还真不行。也真有一时间找不到烧火棍的时候，只好临时把手伸到灶膛里拨弄草，弄一手灰不说，灼烫了手的时候也是有的，因而又有俗话说"烧火棍短也强似手拨拉"，所以，一根小小的烧火棍，作用也不可小觑，有的人家会在灶前预备好几根。烧火棍的用途不限于烧火，有时候，院子里的鸡又跳上平台吃粮食了，正烧着火的女人拎着烧火棍出来，赶则赶下来，赶不下来烧火棍随手就飞了过去，烧火棍轻小，吓飞了鸡又不至于打坏了鸡。母亲们烧完火，在火烬里为孩子焐熟那些土豆、地瓜、蚂蚱等美味，也是用烧火棍来帮忙完成的。烧火棍与人们的生活可谓关系密切，人们也动辄拿它来说事，如说某人家里很贫困，会说"家里穷得连个烧火棍都没有"等。

后来，用煤做燃料，因为煤火硬，木烧火棍不耐用，就用专门的铁烧火棍，带钩的则称煤钩子，可以拉拽煤渣。再后来，人们用上了液化气、煤气，炊事方式改变了，也改变了烧火的方式。现在，农村的人们也很少烧草，烧火棍也从人们的视野中消失了，但俗语却留了下来。

大千世界，万物皆有所用，烧火棍虽小，却是烧火必需的。所以，能"做烧火棍的料"也是料，只要是个材料，总会有用处，就是做根烧火棍也要把火烧好。小小的烧火棍如此，人也一样，即使再卑微，也不要妄自菲薄，也要将自己的长处发挥到极致。

后记

　　俗语的涵盖范围非常宽泛，就汉语俗语事实而言，俗语是指包括口语性成语、谚语、格言、歇后语、惯用语、俚语等品类在内的定型化或趋于定型化的简练习用语汇和短语。也就是民间百姓日常生活中挂在嘴边上的"常言""俗话""老话"。

　　民间俗语数不胜数，同义的俗语就有许多，写一条俗语常能牵出一串相关联的俗语，但不是每一条俗语都能找到它产生的语源与背景，所以，一篇文章里主要写一条俗语，但跟这条俗语有关联的民间语言都会出现。因此，这里收的虽是 100 条俗语，但其中包含的条目远不止这些，活在人们嘴上的乡言村语如同民间语言的大海，拙作仅撷取其中的 100 朵浪花以飨读者。

　　做这本书的缘起，与三个人有关。

　　首先，起于我的母亲。我的母亲生于 1931 年，她虽然只念过几年书，却堪称语言方面的专家，她的俗语使用频率极高，张口就来，几乎是不用俗语不说话，所以，我从小就是听着母亲的俗语长大的，有些俗语很早就印在了心里，虽然那时候不明白有些话的意思，却觉得母亲很了不起。2005年1月4日，母亲永远离开了我，可是在任何生活场景中，母亲说过的那些俗语仍旧会自然地涌现出来。随着年龄的增长，我越来越能咂摸出那些话是什么意思，也常常恍悟原来如此。母亲嘴里的那些"老话儿""老古规儿"是我俗语最原始的储藏，我写的俗语里有三分之一都是母亲说过的。2006年6月，我写过一篇《从汉语俗语透视胶东民俗事象》，发表在当时的《烟台师范学院学报》2006年第二期上，这是我做民俗的第一篇论文，也算是我做俗语的一个开端。那篇论文只是对体现各种民俗事象的俗语做了一个分类和简单的解释，并没有展开去细写。

第二，起于山曼先生。山曼先生是我的老师，也是我走上民俗研究的领路人，我写这本书，依旧是先生引的路。山曼先生的《齐鲁乡语谭》（山东教育出版社2007年版）一书出版后，我捧读再三，爱不释手，读着一篇篇娓娓道来的俗语解说，似乎又听到了先生在风趣幽默地谈笑，而母亲说过的那些俗语此时也更加鲜活起来，我发现还有好多俗语在先生书里没有写到，有的俗语在我的家乡还有另外的解释，如"灯官""豆腐掉在灰里""又是秧歌又是戏"这三句俗语，山曼先生在书里写过，但我又从另外的角度进行了解读。先生的这本书我不知读了多少遍，在上面做了许多批注，我毫不避讳先生这本书对我的影响，我一直欣赏先生行云流水的语言艺术和"四两拨千斤"

式的点题技巧，我也学着先生去对每一条俗语相关的生活现象和民俗事象做评价，去表达我自己的见解，甚至在写作体例、行文表达包括剪纸配图上，都有刻意模仿《齐鲁乡语谭》的主观想法，我知道我学不到恩师的万分之一，但我确实是在跟老师学，因而，这本书也算是我跟先生学习后交的作业。

第三，起于我的女儿。我真正写的第一篇俗语小文应该是《不撞南墙不回头》，2007 年 6 月的一天，女儿考完中考地理会考，回家推开门就问我为什么是不撞南墙不回头，而不是东墙、西墙和北墙？说他们同学讨论了一路，我从建筑民俗的角度对女儿阐释了这句话，随后就形成了一篇小文章，同时我也真正意识到，时移世易，离开了俗语产生的时代和语境，也怨不得孩子们不明白，因此，确有必要对俗语做相对合理准确的解释。从这以后，就开始陆续写了十几篇。

真正集中精力写俗语是 10 年以后，还是跟女儿有关。网络时代，让每个人都成了自媒体，谁都可以有自己的平台展现自我。2017 年 2 月 7 日，马上要开学离家返校的女儿突然说："你不是爱写东西吗？我给你开个微信公众号吧。"我开始还以为她说着玩的，不想人家立马就申请了一个。我想，申请了总不能空着，写什么呢？还是得有个主题有个系列吧，就想到了一直以来想写的俗语，将公众号取名为"清和兰音"，因为母亲出生在农历四月，四月又称清和月，为纪念母亲，就取了这个名字。

做公众号一开始觉得新鲜，也比较勤快，把以前的储存都拿了出来,每天都会更新,但在自己的朋友圈里一直没有推介,除了几位亲朋好友,没人知道,以至于我的学生要帮我推介,都被我谢绝了;后来公众号具备了打赏功能,但在被打赏了几次之后我就很惶恐地关掉了这一功能,不是我有多清高,只是本性不喜张扬,我也深知这些文字的读者仅属小众范围,我只想借着写公众号催促自己做点儿事情而已。

《烟台街》是《烟台晚报》刊发历史文化和地方民俗风情的版面,之前因为绍磊的约稿,经常在《烟台街》发些小文,所以绍磊是较早关注公众号的几个人之一,在发了30多篇文章之后,有一次跟绍磊说起这些俗语文章,绍磊说她看我的公众号想起了山曼先生曾经写过的那些俗语,对我说在《烟台街》开个专栏吧。我当时想如果开了专栏,会影响其他写类似文章的作者发稿,就婉拒了绍磊的好意,说就用《烟台街》原来的《街语巷话》栏目,每周推一篇。3月27日推出了第一篇。当时看到这个日期,我心里是万般感慨,因为10年前的2007年3月26日,山曼先生辞世,我当时的感觉就是,似乎冥冥之中先生还在给我引路。就这样,没有特殊情况就每周一篇,到现在已经两年多了。感谢绍磊和王欣编辑,如果没有这个栏目每周让我定时交"作业",仅凭一个公众号,我可能也坚持不到现在。有时候写得仓促了就留言让编辑再好好把把关,记得写《男人是搂钱的耙子,女人是攒钱的匣子》时,开头一句是"男主外,女主内",我一时疏忽,正好把字给打颠倒了,成了"男主内,女主外",发了公众号后,希梅发现有错误立马告诉了我，对文字相对来说有些洁癖的我，立时惊出一身冷汗，赶忙去看报纸，好在王欣老师已经替我改过来了，而因为公众号提交了就不能修改，就只能赶紧将那篇撤了下来。

就这样，公众号与晚报同步，一篇篇写了起来。晚报的供稿没有中断过，但公众号却有些疏懒了，忙起来一个月才更新一次，有喜欢的朋友常会问怎么最近不更新了。对于这些文字，反响最热烈的是我的初中和高中同学们，因为我写的乡言村语是他们都熟悉的，就格外容易引起共鸣，他们给我许多赞扬和肯定，也给我提供不少俗语资源。要感谢的人很多：山东民俗界的各位老师，张士闪、张从军、孙井泉、鲁汉老师等；烟台本地热衷地域文化研究的各位同道师友，韩月湖、郝祖涛、张荣起、刘甲凡、孙慧铭、连永升等；我的领导和同事，柳新华、亢世勇、刘良忠、孙秀杰、李士彪、路翠江等，还有我的学生们，我不认识的那些关注我公众号的微友们，他们会鼓励我，会提供俗语条目，也会提出他们的意见，或补充或修正。所以，这些俗语是在大家的关注和鼓励下一篇篇诞生的，所有关注的目光都给我以极大的动力，要感谢的人是一个长长的名单，恕我不能一一详列出来，但我会永远铭记在心。在此，要特别感谢张士闪先生和徐绍磊女士，百忙之中为拙作热情作序；感谢韩月湖老师提供全部剪纸图片；感谢亢世勇校长的大力支持；感谢商务印书馆的编辑老师；感谢文学院胡晓清教授及各位同人的大力支持，是大家的关爱使拙作得以顺利出版。

不同地域的俗语在句式、用字（词）和发音上都会有差异，拙作所写对象主要是流传于胶东的俗语，因为胶东半岛在地理位置和方言体系上都有着明显的独特性，更主要的是我想写自己最熟悉的乡音，但人员的流动性和语言的播布性，又使得有些俗语不能呈现明显的地域性，如书中有些俗语在胶东之外也有流布，所以"胶东"在此只是相对而言；另外，即使是胶东地方，同一句俗语在表达上也会有些微差异，如"包子有肉不在褶儿上"，有的地方则说"包子好吃不在褶上"等。笔者认为，不同的表达形式共存是一种常态，一句俗语不必就非要怎样说不可，民间文学原本就具有变异性，这也正说明了民间语言的多样化与趣味性。至于与俗语相关的民俗事象则更是"五里不同风，十里不同俗"，甚至同一个乡镇也有差异，因而，拙作在俗语的选择和阐释上难免有偏颇之处，恳请方家予以批评指正。

兰　玲

2019 年 3 月 23 日于鲁东大学